ALBUM DRAMATIQUE

Recueil de Pièces Nouvelles jouées sur tous les Théâtres de Paris.

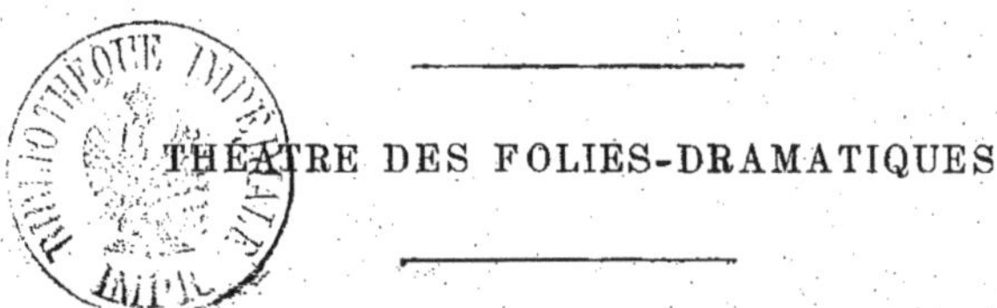

THÉÂTRE DES FOLIES-DRAMATIQUES

LES

BOURGEOISES DE PARIS

VAUDEVILLE EN TROIS ACTES

PAR MM. CHARDALL ET BEDEAU.

PRIX : 50 CENTIMES.

PARIS

Au magasin des Pièces de Théâtres anciennes et nouvelles,

MIFLIEZ, LIBRAIRE-ÉDITEUR, PASSAGE VENDOME, 19.

TRESSE, successeur de BARBA. Palais Royal, galerie de Chartres, 2 et 3.

1861

LES BOURGEOISES DE PARIS

VAUDEVILLE EN TROIS ACTES,

De MM. CHARDALL et BEDEAU

Représenté, pour la première fois, à Paris, sur le théâtre des Folies-Dramatiques, le 18 février 1860.

PERSONNAGES :	ACTEURS :
CLOVIS BARBILLON, commissaire-priseur..	MM. Calvin.
BOUVARD, ancien passementier militaire.	Viltard.
ROMÉO, peintre de portraits.	Michel-Camille.
MADAME GERMINET.	Mmes Jary-Guyon.
MADAME CAMUSOT.	Eléonore.
ARTÉMISE, cuisinière.	Esther.
JULIETTE, fille de Madame Bouvard.	Céline-Renault.
MADAME BOUVARD.	Angelina-Legros.
MADAME MICHELIN.	Félicie-Quinot.
UNE MARCHANDE A LA TOILETTE.	Leclère.
TOINON.	Marie.
UN GROOM.	Souret.

Les deux premiers actes se passent à Paris, le troisième à Nanterre.

ACTE PREMIER.

Le théâtre représente un petit salon simple. — Porte au fond. A gauche, troisième plan, la porte de la chambre de Bouvard; en face, la porte de la cuisine. A droite, deuxième plan, la chambre de Madame Bouvard, en face la chambre de Juliette. A gauche, un chevalet, tables, chaises, etc.

SCENE PREMIERE

ROMÉO, JULIETTE, BOUVARD, TOINON.

(Au lever du rideau, Bouvard et Juliette posent devant Roméo, entr'eux un châle et un chapeau posés sur un manche à balai figurent la personne de madame Bouvard. — Bouvard a la main appuyée sur une épée. — Toinon regarde le tableau.)

ROMÉO. Un peu plus de trois quarts, je vous prie M. Bouvard.

BOUVARD (obéissant). Comme ceci, monsieur le peintre?...

ROMÉO. Parfait !... Maintenant la tête plus en l'air... Très bien !... La jambe gauche en avant... Très bien ! très bien !... très bien !... ne bougez pas. (Bouvard est alors tout-à-fait tourné et ne peut voir ce qui se passe en scène).

BOUVARD (une jambe en l'air). Une position que je crois pleine de dignité, mais je la trouve fatigante.

ROMÉO (se jetant aux genoux de Juliette). Mademoiselle !...

JULIETTE (avec un cri). Monsieur !...

BOUVARD. Hein?

ROMÉO (l'empêchant de se retourner). Ne bougez pas ! (même jeu que plus haut). Mademoiselle !

TOINON (à part). Quels amours d'enfants !..

ROMÉO (toujours à genoux). Laissez-moi contempler de près ce nez qui m'a toqué !.. un nez grec, du plus beau grec !...

BOUVARD. On m'a toujours dit que j'avais le nez plein d'expression.

ROMÉO. Le nez est le miroir de l'âme !... M.

Bouvard, il exprime ce que l'on sent... (regardant Juliette). Ces yeux longs comme des amandes à la coque...

BOUVARD. Vous me flattez, Monsieur, vous me flattez...

TOINON (à part). Monsieur, qui prend ça pour lui.

ROMÉO. Ces cils noirs et soyeux comme... Je ne trouve pas le nom !.. n'importe !...

BOUVARD. Fectivement, monsieur, fectivement ! J'en ai souvent un dans l'œil... un cil !...

JULIETTE (bas à Roméo). Monsieur Roméo, je vous en prie...

ROMÉO. Un désir de vous est un ordre pour moi... e quitte cette posture... (se levant) qui en se prolongeant détériorerait mon pantalon. (Frappant sur l'épaule de Bouvard). La séance est levée !...

BOUVARD. Ah! tant mieux, monsieur, tant mieux !... J'éprouvais un soupçon de crampe. (regardant le tableau) admirable ! divin !...

JULIETTE (de même). Oh ! comme c'est gentil !...

TOINON (de même). Est-on arrivé à faire de jolies choses !...

BOUVARD. Nous voilà bien tous les trois !... madame Bouvard mon épouse, représentée pour l'instant par ce manche à balai... elle est frappante !... (Toinon enlève le manche à balai et le rentre à droite). Ma fille... avec sa crinoline... frappante auss. et moi dominant le tout !...

ROMÉO. Me pardonnerez-vous une question, M. Bouvard?... pourquoi avez-vous tenu à ce que je vou. fasse la main posée sur cette épée?

BOUVARD. Cette épée monsieur est l'emblème de ma profession.

ROMÉO. Vous avez servi?

BOUVARD. Vingt ans, monsieur, dans la passementerie militaire...

ROMÉO. Et vous n'avez jamais été blessé.

BOUVARD. Jamais, monsieur...

JULIETTE. Bien au contraire, puisque c'est en faisant des épaulettes et des ceinturons que papa a amassé sa fortune...

BOUVARD. Une quinzaine de mille francs de rente, monsieur, ce qui nous a permis à moi et à mon épouse de quitter le commerce et de nous faire bourgeois.

ROMÉO. Quinze mille francs! voilà ce que jamais un peintre ne parviendra à mettre dans son sac!...

BOUVARD. Que voulez-vous, monsieur, tout le monde ne peut pas être passementier... Il faut bien qu'il y ait des peintres!

ROMÉO. Des épiciers, des commissionnaires, des ramoneurs de cheminal (saluant). Trop honnête, M. Bouvard.

JULIETTE. Oh! M. Roméo, papa n'avait pas l'intention...

BOUVARD. Quoi donc?... quoi donc?... D'ailleurs il n'y a pas de sots métiers, au contraire...

ROMÉO. Il n'y a que de sottes gens, n'est-ce pas M. Bouvard.

BOUVARD. Fectivement, monsieur, fectivement, moi qui suis un bonhomme, je n'ai pas de préjugés. Pour moi, un peintre est un homme comme un autre. Madame Bouvard n'a pas les mêmes idées là-dessus.. Je les respecte... nous n'avons qu'une fille, mais elle aimerait mieux je ne sais quoi plutôt que de la voir mariée dans la peinture...

ROMÉO. Fichtre!...

BOUVARD. Polymnie... C'est le petit nom de mon épouse... veut pour ma fille un mari possédant une profession libérale... un huissier ou un pharmacien...

ROMÉO. Ou un charcutier...

JULIETTE. Quelle horreur!

TOINON. Ah! bien, moi j'aimerais mieux un mari qui me ferait voir des couleurs qu'un mari qui me ferait avaler des drogues!... Un pharmacien! fi!...

ROMÉO. Bravo! Toinon!

JULIETTE (bas à Toinon). Veux-tu te taire!...

SCÈNE II.

ROMÉO, MADAME GERMINET, BOUVARD, JULIETTE, TOINON.

MADAME GERMINET (entrant au fond). Ne vous dérangez pas, c'est moi...

BOUVARD. Madame Germinet! Et quel bon hazard vous amène?

MADAME GERMINET (à Juliette). Bonjour petite. (à Roméo). Monsieur (à part) sans doute, le peintre en question. (haut à Toinon). Tenez la fille, mon chapeau, mon burnous. (Elle les lui donne). Ce cher M. Bouvard ce n'est pas le hazard qui m'amène... c'est l'omnibus... Je viens sans façon vous demander à dîner...

TOINON (à part). C'est la troisième fois de la semaine.

MADAME GERMINET. Que voulez-vous? une veuve! il faut que je sorte, que j'aille, que je vienne, que je parle; que je parle surtout; qu'est-ce que vous faites donc là? (elle regarde le tableau). C'est gentil! Mais quelle bête d'idée de faire faire son portrait à l'huile quand on peut l'avoir pour cinq francs en photographie!

ROMÉO. Madame a des actions dans une entreprise photographique?...

MADAME GERMINET. Ah! c'est monsieur qui...

ROMÉO. C'est moi qui, oui madame... si madame voulait me donner sa pratique, je serais enchanté de la faire poser...

TOINON (à part). Attrappé.

MADAME GERMINET. Je ne pose jamais, monsieur...

ROMÉO. Je croyais, pardon, on peut se tromper de ça!...

MADAME GERMINET (à part). Je le déteste déjà ce rapin là! (haut). Ce n'est pas que je pense du mal de la peinture en général. Quand elle est très bien réussie (lorgnant). Celle-ci a quelle chose, l'habit de M. Bouvard est assez ressemblant...

BOUVARD. Fectivement! il est parlant!...

MADAME GERMINET. Mais, qu'est-ce que c'est donc que cette machine où il n'y a que du charbon?.

ROMÉO. C'est le portrait d'Henri IV, madame...

JULIETTE (à part). Très bien!

BOUVARD (riant). Ah! ah! le portrait de... ah! ah!... Très drôle, ne le croyez pas, madame Germinet... C'est la place de Polymnie sur laquelle il n'y a pas encore de couleurs d'étendues parce qu'elle n'a pas posé aujourd'hui...

MADAME GERMINET. C'est vrai, je n'avais pas remarqué... et où est-elle donc cette chère amie?...

BOUVARD. Elle est sortie pour des visites... chez madame Michelin.

MADAME GERMINET. La belle madame Michelin! Quelle femme charmante!... Un peu fière par exemple, un peu pimbêche.. ça se croit la moitié de Paris parce que ça a une voiture.

JULIETTE. Et qu'elle donne de bons dîners...

MADAME GERMINET. Pas toujours, le dernier qu'elle nous a donné était détestable.. mais qu'est-ce que je dis donc là? J'oubliais qu'entre vous et elle, il va y avoir alliance offensive et défensive.

BOUVARD. Chut!

ROMÉO. Hum! hum!

MADAME GERMINET. Pardon; j'oubliais qu'il y a des oreilles... après tout ce n'est pas un secret, n'est-ce pas Juliette?... Et il n'y a pas à s'en cacher. Le cousin de madame Michelin, M. Barbillon est un homme superbe!...

JULIETTE (embarrassée). Madame...

BOUVARD. Chut! madame Germinet, chut!

ROMÉO. Barbillon! C'est un nom de poisson (à part) Ah! mon rival est un barbillon! Je le mettrai au bleu.

MADAME GERMINET (à Roméo). Le nom d'une des premières charges de commissaire priseur de Paris monsieur.

ROMÉO. Je m'en rapporte à vous madame.

MADAME GERMINET. Un homme qui sait tout, qui cote tout, qui prise tout, à qui il suffit d'un coup d'œil, pour voir ce que coûte votre chapeau, votre paletot, votre robe...

ROMÉO. Et patati et patata, enfin un tarif ambulant.

BOUVARD. Fectivement! fectivement... mais à propos de cela, je trouve que Polymnie tarde bien à rentrer...

JULIETTE. Tu sais bien papa que maman devait également aller voir madame Camusot!...

MADAME GERMINET. La Camusot!... Comment, madame Bouvard voit toujours cette femme-là!

BOUVARD. Une bonne grosse mère, toute sans façon... Je l'aime beaucoup moi! C'est une très bonne personne...

MADAME GERMINET. Excellente! Je ne dis pas, mais si commune, si cuisinière! Et cultivant le pataguès avec un succès, avec cela avare comme une fourmi. Enfin, l'amitié ne se commande pas, elle serait là que je dirais absolument la même chose...

TOINON. Justement, je l'entends, la voici !

SCÈNE III.

ROMÉO, MADAME GERMINET, MADAME CAMUSOT, BOUVARD, JULIETTE, TOINON.

MADAME CAMUSOT (un panier sous un bras, un bocal de cornichons dans l'autre).

MADAME GERMINET (allant à elle). Ma chère madame Camusot !...

MADAME CAMUSOT. Bonjour Toinon (elle l'embrasse) bonjour Juliette (elle l'embrasse), bonjour, M. Bouvard (elle l'embrasse aussi). Toinon, je vous apporte un vocal de cornichons.

MADAME GERMINET (à part). Un vocal !..

MADAME CAMUSOT. Les cornichons M. Bouvard, c'est ma partie ! et qu'on a la prévention d'être supérieure dans la contexture de ce légumier.

ROMÉO, (à part). Une vraie galerie d'amateurs !.. Je prends une stalle... (il s'assied).

BOUVARD. Féctivement, féctivement, vous êtes un cordon bleu. Chez vous je mange toujours trop.

MADAME CAMUSOT. Vous me confectionnez, M. Bouvard, à la maison, c'est sans cérémonie, à la bonne flanquette... C'est offert de bon cœur, voilà tout. De temps en temps quelques petits dîners intimes ; mais nous obtempérons que ce soye plus simple et que ça se récupère plus souvent.

MADAME GERMINET (à Roméo). Quand je vous le disais ! Quel langage !

ROMÉO (sérieusement). Madame parle comme feu Socrate.

BOUVARD. C'est cela toujours chez vous ; jamais chez nous... On ne vous voit pas assez souvent madame Camusot.

TOINON (à part). C'est pour celles qu'on voit trop souvent.

MADAME CAMUSOT. Que voulez-vous, monsieur Bouvard ? Y a tant à faire dans l'intérieur d'un ménage quand on possède pas un impersonnel nombreux. Tenez, je viens de trousser mon marché. (Elle ouvre son panier) un morceau de pointe de culotte pour Léopold, mon mari il mange comme un orgue cet homme là... après ça vous me direz... Il est dans l'enfleur de l'âge ! (On sonne avec violence).

MADAME BOUVARD (à la cantonnade.) Toinon ! Toinon !..

ROMÉO. C'est ma femme !..

MADAME GERMINET. Cette chère amie !

SCÈNE IV.

ROMÉO, MADAME GERMINET, TOINON, MADAME BOUVARD, BOUVARD, MADAME CAMUSOT, JULIETTE.

MADAME BOUVARD (entrant). Toinon !

TOINON. Madame !

TOINON (se présentant). Madame !

MADAME BOUVARD (sans voir personne). Qu'est-ce que vous faites ici dans mon salon. Est-ce que la place de ma domestique est dans mon salon ?.

TOINON (étonnée à part. Sur quelle herbe a-t-elle donc marché aujourd'hui, madame (elle sort par le fond).

MADAME BOUVARD. Ce n'est pas chez madame Michelin que les domestiques se permettent ces choses là !.. Voilà une maison tenue !.. Bonjour, madame Germinet.

MADAME GERMINET. Madame Michelin est une femme du monde.

MADAME BOUVARD (avec aigreur). Eh bien, et nous est-ce que nous n'en sommes pas du monde ? Bonjour madame Camusot.

BOUVARD. Je me plais à le supposer...

ROMÉO, (montrant madame Germinet) (1). Madame voudrait faire croire que vous avez été trouvée sous un chou.

MADAME BOUVARD, Madame Michelin est une bourgeoise comme nous, pas plus.

MADAME CAMUSOT (qui s'est mise à éplucher des carotes qu'elle avait dans son panier). On dit qu'elle pince du piano, aussi bien qu'un élève de l'*Observatoire*.

MADAME GERMINET. Sans compter qu'elle a une voiture.

ROMÉO. Et pour neveu un barbillon.

MADAME BOUVARD. Elle n'en est pas plus fière, car elle va venir me rendre tout de suite la visite que je lui ai faite ce matin... (bas à Bouvard) et elle m'a donné à entendre... il se pourrait peut-être bien que sa visite ait pour but une demande officielle. Chut !.. (haut à Juliette), Juliette !

JULIETTE. Maman.

MADAME BOUVARD (examinant). Va mettre un jupon de plus, je ne veux pas que madame Michelin te trouve maigre. — Toinon !

TOINON (reparaissant). Madame !..

MADAME BOUVARD. Secouez les tapis, brossez les fauteuils, changez d'eau les poissons rouges et mettez un tablier blanc... Quand madame Michelin se présentera, vous l'introduirez en l'annonçant.

TOINON. Oui madame, (à part) l'annonçant qu'est-ce que c'est que ça !.

MADAME CAMUSOT. Attendez-moi, Toinon ; je vais vous donner un coup de main... Il ne faut pas empêcher madame Bouvard de bivouaquer à ses affaires !

MADAME GERMINET. Notre présence serait indiscrète !..

MADAME BOUVARD. Au contraire... mais je ne vous retiens pas... Ah !.. Toinon ! vous apporterez ici mon carton de dentelles... Je les montrerai à madame Michelin (à Roméo) M. le Peintre, vous comprenez que je ne peux poser aujourd'hui !.. (Toinon rentre le chevalet sur lequel est le tableau, à gauche).

ROMÉO, (saluant). Il suffit (à part). Coup de balai général, mais je me crampoune, je veux voir le Barbillon...

ENSEMBLE.

AIR : *Valse de Robin des bois.*

MADAME BOUVARD, BOUVARD.

Oui de partir il faut que l'on s'empresse.
Je vais avoir madame Michelin,
Qui nonobstant, son esprit, sa richesse,
Bientôt ici va me serrer la main.

MADAME GERMINET.

Que d'embarras pour une politesse !
Et quel honneur ! Madame Michelin
Va nonobstant son esprit, sa richesse,
Se déranger pour leur serrer la main.

ROMÉO.

De barbillon le souvenir m'oppresse.
Je veux savoir s'il a quelque dessein...

______

(1) Mad. Germinet, Roméo, mad. Bouvard, Bouvard, Juliette, mad. Camusot.

Et si le but de cette politesse
Est de marier Juliette à son cousin

(Madame Camusot, madame Germinet, Roméo, et
Juliette sortent)

SCÈNE V.

BOUVARD, MADAME BOUVARD.

MADAME BOUVARD. Eh bien, madame Bouvard, à quoi penses-tu? Va donc passer une cravate, ton habit, quelque chose...

BOUVARD. Oui, ma bonne amie; mais toi-même, est-ce que tu ne vas pas te fourrer quelques ornements dans tes cheveux, n'importe où? Veux-tu que j'aille t'acheter un turban... J'ai entendu dire l'autre soir au Café-Turc que le Turban était un objet très-bien porté...

MADAME BOUVARD (s'asseyant à droite). Non, madame Michelin croirait que c'est pour l'éclabousser... veux-tu que je te dise M. Bouvard, j'ai dans l'idée que nous ne savons pas dépenser notre fortune...

BOUVARD. Je trouve, au contraire, que nous la dépensons très bien... nous avons une bonne table, et c'est une chose à laquelle je tiens fort. C'est si bon, un bon dîner! Nous avons un bon logis, du confortable, de l'aisance partout... et tout cela grâce à ton économie, à ta bonne administration! Je me trouve le plus fortuné des hommes.

AIR du Piège.

Mortel heureux, je trouve en ma maison
Bon lit, bon vin, cuisine douce et bonne,
Avec cela, l'aimable sans façon.
Je vis sans gêne et ne gêne personne;
De mon bonheur voilà le talisman,
Car mon désir est que chacun le prenne,
Pour être heureux prenez tout simplement.

(Embrassant sa femme).

Une femme comme la mienne...

MADAME BOUVARD (soupirant). Nous n'avons pas voiture comme madame Michelin...

BOUVARD. Ah! bah! et toutes celles qui sont sur la place à 35 sous l'heure ou 28 sous la course...

MADAME BOUVARD (se levant). Allons, je vois que tu ne veux pas me comprendre. J'ai peut-être tort, et cependant madame Michelin n'a que quinze mille francs de rente comme nous.

BOUVARD (1). Oui mais elle est veuve, et nous ne sommes veufs ni l'un ni l'autre, Dieu merci... Elle n'a pas d'enfants et nous avons notre Juliette... Juliette pour laquelle il nous faut réserver une somme de cent mille francs...

MADAME BOUVARD (s'attendrissant). Cette chère enfant!..

BOUVARD (de même). Notre fille adorée! Je veux qu'elle soit heureuse, entends-tu, madame Bouvard.

MADAME BOUVARD. Elle le sera... que pourrait-elle désirer de plus que de devenir madame Barbillon, la femme d'un commissaire-priseur!

BOUVARD. J'aurais préféré un pharmacien; mais enfin si tu y tiens!.. As-tu besoin d'argent?..

MADAME BOUVARD. Pourquoi faire? N'ai-je pas mon budget?

BOUVARD. Dam!.. Avec 500 francs par mois pour la maison et ta toilette, tu pourrais quelquefois être

---

(1) Mad. Bouvard, Bouvard.

---

un peu à court, surtout aujourd'hui... Juliette a peut-être besoin de quelque colifichet.

MADAME BOUVARD. M. Bouvard, Juliette est comme sa mère, elle est économe, et les 50 francs que tu lui donnes par mois suffisent complètement... ne t'occupe pas de cela... quoique nous n'ayons pas voiture comme madame Michelin, nous pourrions lui montrer, Juliette et moi, que l'on sait se mettre.

AIR de Gyselle.

ENSEMBLE.

Ah! ne t'occupes pas de ma toilette,
Je ne suis pas économe par trop.
Je te promets d'être un peu plus coquette
Mais mieux que toi je sais ce qu'il me faut.

BOUVARD.

Je n'aime pas m'occuper de toilette,
Mais ne sois pas économe par trop.
Je te permets d'être un peu plus coquette
Et mieux que moi, tu sais ce qu'il te faut.

(Bouvard et Madame Bouvard entre à gauche).
la scène reste vide un instant).

SCÈNE VI.

BARBILLON, (seul au dehors) Très bien!.. Je vais attendre... mais pas longtemps... (Entrant). Je suis un homme pressé. Clovis, Barbillon, commissaire, priseur; 32 ans... étude de 2e ordre, non encore payée... Le premier terme échoit le 15 avril. Il faut que je sois marié le 14... La fille de cette maison est à marier. Cent mille francs de dot... Madame Michelin ma cousine devait me présenter... je préfère me présenter moi-même, j'irai plus vite en affaire (il va à la fenêtre et touche le rideau). Damas première qualité! 7 francs 50 le mètre; 3 mètre 80 de haut, deux largeurs... Passementerie de choix... embrasse soie et laine, total pour la fenêtre y compris les grands, la traverse, les patères et les coulants, 185 francs, prix de vente, cela pourrait monter à 195...(il va à la cheminée). Flambeaux Louis XV... Pendule dorée mat avec les pelles, pincettes, garde-feu, cela peut valoir de 600 à 650... La maison est bonne, on peut traiter.. (Apercevant madame Bouvard qui entre). Madame!

SCÈNE VIII.

MADAME BOUVARD, (avec des fleurs dans ses cheveux). BARBILLON.

MADAME BOUVARD, (avec un cri). M. Barbillon!.. Ici!.. et on ne m'a pas prévenue!.. Excusez, je vous prie.

BARBILLON. Inutile, madame, les affaires sont les affaires. Je suis un homme sérieux.

MADAME BOUVARD. Mais, donnez-vous au moins la peine de vous asseoir.

BARBILLON (tirant sa montre qu'il garde à la main, tout le temps de la scène). Inutile, madame... Je fais aujourd'hui, à trois heures, la vente après décès d'un de mes bons amis... Excellente affaire! vente de tableaux, argenterie, linge de table et literie complète. Il est 2 heures 27, nous avons peu de temps; quel est exactement le chiffre de la dot que vous donnez à mademoiselle votre fille.

MADAME BOUVARD. Mais, monsieur, nous avons l'intention...

BARBILLON. Permettez, une intention, n'est pas un fait... Je répète : Quel est exactement le chiffre de la dot que vous donnez à mademoiselle votre fille.

MADAME BOUVARD. Cent mille francs, monsieur, mais...

BARBILLON. Ecus?

MADAME BOUVARD. Sans doute...

BARBILLON. Très bien ! (Il recule d'un pas et fait une révérence). Madame, j'ai l'honneur de vous demander la main de mademoiselle votre fille...

MADAME BOUVARD. Très flattée, monsieur... Certainement, cette demande... Madame Michelin m'en avait fait pressentir quelque chose.

BARBILLON. Trois heures moins 28, madame si vouliez être assez bonne pour me donner une réponse... (il remet sa montre dans son gousset).

MADAME BOUVARD. Mais, monsieur encore faut-il que vous voyiez ma fille.

BARBILLON. Quand je serai son heureux époux, j'aurai toute ma vie pour me livrer à cette agréable occupation... En ce moment l'hôtel des ventes me réclame.

MADAME BOUVARD. Mais, monsieur, ma fille dépend de son père et...

BARBILLON. Très bien ! Ce mot suffit... l'affaire est conclue... le consentement de M. Bouvard me paraît superflu... Je vole à l'hôtel et je reviens aussitôt pour avoir l'honneur d'être présenté officiellement à ma future... Veuillez agréer, madame, l'assurance de ma parfaite considération...
(Il salue et sort).

SCÈNE IX.

MADAME BOUVARD puis Juliette.

MADAME BOUVARD, (abasourdie). Quel homme !.. Comme c'est net, précis ! Ah ! Juliette sera bienheureuse où je ne m'y connais pas ! (Elle court à la porte de la chambre de Juliette et appelle) Juliette !!

JULIETTE (paraissant aussitôt). Me voilà, maman.

MADAME BOUVARD). Ah ! petite rusée, tu étais là... tu écoutais...

JULIETTE, (honteuse). Ne me gronde pas !..

MADAME BOUVART. Te gronder ! Du tout ! D'ailleurs, il n'y a pas de mal, puisqu'il s'agissait de toi.. Eh bien, tu as entendu, tu as compris...

JULIETTE. Non, maman, je te jure...

MADAME BOUVARD. Tu n'as pas compris que tu allais te marier... et avec M. Barbillon, un commissaire-priseur...

JULIETTE Ah !.. Ce Monsieur est...

MADAME BOUVARD. M. Clovis Barbillon, oui, mon ange... Eh bien, tu ne m'embrasses pas...

JULIETTE. (tristement). Si, maman...

MADAME BOUVARD. Je comprends... la joie... l'émotion, le plaisir... tu es toute bouleversée... pas plus que moi, va ! Il faut que je vois ton père, que je lui apprenne cette grande nouvelle !.. J'en sauterais comme une petite folle !.. Car toutes mes connaissances vont en jaunir de jalousie... de ce mariage-là, un commissaire-priseur...

ENSEMBLE.

AIR des Mousquetaires.

MADAME BOUVARD.

Tu vois, ma fille, que je pense
  A ton bonheur...
Ton avenir, plein d'espérance
  Plaît à mon cœur.
Ce mariage qui t'invite,
  Oh ! crois-moi bien ;
Il faut le conclure au plus vite
  C'est pour ton bien.

JULIETTE.

A tort elle dit qu'elle pense

A mon bonheur,
Mon avenir, sans espérance,
  Navre mon cœur...
Ce mariage qui m'irrite,
  C'est pour mon bien.
Qu'il faut je conclure au plus vite.
  Je n'en crois rien.

(Madame Bouvard rentre dans la chambre de Bouvard).

SCÈNE X.

JULIETTE, puis ROMÉO ; JULIETTE.

JULIETTE (courant à Mad. Bouvard). Maman !... maman !... Mais c'est que je ne veux pas l'épouser ce M. Barbillon... et je ne l'épouserai... jamais !

ROMÉO (qui est entrée). jamais !.. Vous avez dit : Jamais ?

JULIETTE, (effrayée). M. Roméo !..

ROMÉO (se mettant à genoux). Permettez-moi de me placer à genoux à vos pieds comme ce matin, pour vous remercier de cette divine parole.

JULIETTE. Arrêtez !... Je ne sais... Je ne comprends par quel intérêt vous pouvez avoir...

ROMÉO. Quel intérêt, je puis avoir à ce que vous repoussiez l'amour d'un Barbillon. Mais, d'abord ne serait-ce pas un sacrilége que de lui donner en pâture toutes les beautés ravissantes dont vous êtes ornée !

JULIETTE, (honteuse). Monsieur !...

ROMÉO. Vous n'avez pas le droit de vous défendre de mon admiration.

AIR : à bon chat, bon rat. (Musique de M. Camille)

Car, j'ai celui de vous trouver charmante
Et d'admirer vos traits si beaux, si fins,
Votre blancheur, votre taille élégante,
Et vos cheveux, et vos pieds et vos mains...
Je n'agis pas, je crois en téméraire,
Quand je dépeints vos ravissant attraits,
Puisque je suis payé par votre père,
Uniquement pour faire des portraits.

Mais il n'est pas question de portraits !.. Juliette, vous n'aimez pas M. Barbillon, vous ne l'épouserez jamais, avez-vous dit... ne voulez-vous pas en aimer, en épouser un autre ?

JULIETTE. Monsieur !

ROMÉO. Un autre qui vous aime, qui vous épouserait avec enthousiasme.

JULIETTE. Mes parents seuls ont le droit de disposer de moi...

ROMÉO. Réponse pleine de candeur !... Vous me rappelez Lucrèce... Je cours leur adresser ma supplique (1) (s'arrêtant). C'est-à-dire, non pas tout de suite... Ils me flanqueraient à la porte. Madame Bouvard, surtout qui n'aime pas les couleurs... mais que j'aie de vous un mot, un seul mot d'espoir et je vous dirai comment Gusman... Vous savez celui qui ne connaissait pas d'obstacle... Juliette, tu seras à moi !

JULIETTE. Ciel ! (à part). Il me tutoie...

ROMÉO. J'en jure par ce chaste baiser que je prends sur ton front grec !...

MADAME GERMINET (entrant). Par ici, madame...

JULIETTE (l'apercevant). Grand Dieu ! (Elle se sauve par la droite).

ROMÉO. Madame Germinet !... Au plus beau moment ! madame, j'ai bien l'honneur. (Il sort par le fond).

____

(1) Juliette, Roméo.

SCÈNE XI.

MADAME GERMINET, puis MADAME MICHELIN.

MADAME GERMINET. Le peintre et Juliette ensemble! et il me semble avoir entendu le bruit d'un... (scandalisée), oh!... Je ne suis pas fâchée de savoir cela... (Faisant entrer madame Michelin). Donnez-vous la peine d'entrer... Madame Bouvard sera désolée de ne pas s'être trouvée là pour vous faire les honneurs de son salon.

MADAME MICHELIN. Elle ne pouvait être mieux remplacée que par vous, ma chère madame.

MADAME GERMINET. Trop aimable, en vérité... Mais madame Bouvard ne peut pas être remplacée, c'est une si excellente femme!...

MADAME MICHELIN. C'est vrai!...

MADAME GERMINET. Entre nous... elle n'est pas forte... Ce n'est pas sa faute si des lapins n'ont pas de plumes... par conséquent, elle n'a pas grand mérite à être bonne... avec cela orgueilleuse comme un paon et envieuse de tout ce qu'elle voit... à cela près, une charmante personne que j'aime beaucoup...

MADAME MICHELIN. Cela se voit parfaitement.

MADAME GERMINET. Quant à M. Bouvard, c'est la perle des maris... il attache ses culottes avec des épingles, car c'est madame qui les porte... les cu-lottes... c'est à peine s'il ose dire son mot, même lorsqu'il s'agit du bonheur de leur fille unique...

MADAME MICHELIN. Juliette?... Une gentille enfant, n'est-ce pas?...

MADAME GERMINET. Un peu folle, un peu gnan-gnan, volontaire et entêtée comme un enfant gâté, mais parfaite!... parfaite!... Je l'aime beaucoup... Ainsi on prétend que madame Bouvard veut la marier contre son gré et M. Bouvard n'ose pas s'y opposer.

MADAME MICHELIN. Comment?

MADAME GERMINET. Oui, il serait question d'un beau mariage pour la petite qui n'en voudrait pas... Chut!... j'ai tout lieu de penser qu'elle a d'autres idées...

MADAME MICHELIN (1). Ah! (à part). Voilà qui m'intéresse, mon cousin... (haut). Vous disiez... con-tinuez donc, ma chère madame Germinet... votre con-versation est instructive au possible...

MADAME GERMINET. C'est toujours entre nous, par exemple?...

MADAME MICHELIN. Sans doute...

MADAME GERMINET. On dit que Juliette a un amour en tête... un peintre... un garçon charmant!... Mais ça n'a pas le sou... Une espèce de rapin qui n'a que ses pinceaux à se mettre sous la dent... un ar-tiste... un gueux, rien du tout, pouah!...

MADAME MICHELIN. En vérité!...

MADAME GERMINET. Comme je vous le dis... et (apercevant madame Bouvard qui entre.) Arrivez donc, ma chère!... nous parlions de vous... Je disais à madame Michelin combien votre Juliette est gentille.

SCÈNE XII.

MADAME BOUVARD, MADAME MICHELIN, puis MADAME CAMUSET.

MADAME BOUVARD (s'empressant). Madame Mi-chelin! et l'on ne m'a pas prévenue... mille pardons!... Mais, asseyez-vous donc!... Que je vous débarrasse de votre manchon, de votre...

MADAME MICHELIN. Du tout (à part). Ma visite est maintenant sans but après ce que je viens d'apprendre

(haut). Je voulais vous mener avec moi faire quelques emplettes... mais je vois que vous avez du monde...

MADAME BOUVARD. Du monde!... Qui donc?... Madame Germinet! Elle vient dîner, pas davantage... Du reste, je ne pourrais toujours pas vous accompa-gner... et j'y pense!... vous voilà vous-même forcée de rester avec nous (en confidence), il va venir...

MADAME MICHELIN. Qui donc?

MADAME GERMINET. Des secrets!... Je me retire...

MADAME BOUVARD. Mais non, ce n'est pas un se-cret puisque la demande est faite (à madame Germi-net avec gravité). Je vous fais part du mariage de Ju-liette avec M. Clovis Barbillon.

MADAME GERMINET. En vérité!...

MADAME MICHELIN (étonnée). Comment?...

MADAME BOUVARD. Vous ne le saviez pas?... Il sort d'ici et tout est convenu... en vingt-deux minutes, ma chère...

MADAME MICHELIN. Je le reconnais là, mon cher cousin... toujours pressé... mais cette fois je trouve qu'il s'est beaucoup trop pressé...

MADAME BOUVARD (piquée). Comment donc l'en-tendez-vous, madame?

MADAME MICHELIN. Il m'avait chargée de la négo-ciation... de prendre les renseignements d'usage... et sans attendre mes avis... Je suis fort mécontente de lui.

MADAME BOUVARD. Mais il me semble qu'avec nous les renseignements sont au moins superflus...

MADAME GERMINET. La maison Bouvard est con-nue!...

MADAME MICHELIN. Je ne dis pas... Certaine-ment... C'est une simple question de convenance...

MADAME BOUVARD (redevenant aimable). Alors vous nous restez.

MADAME MICHELIN. Impossible, chère amie... (à part). Il faut bien que j'avertisse ce fou de Barbil-lon... (haut). Quelques visites encore à faire... une course aux Italiens où je vais prendre des places pour ce soir.

MADAME BOUVARD. Ah!... vous allez aux Ita-liens?..

MADAME GERMINET. Vous ne connaissez pas cela, vous, ma chère madame Bouvard, hein? pas plus que moi, du reste... C'est bon pour les gens d'une autre volée... En fait d'Italien, nous n'allons qu'à l'Ambigu.

MADAME MICHELIN. Adieu, chère amie...

MADAME CAMUSOT (1) (entrant avec un tablier de cuisine et une casserole à la main). Madame Bouvard! madame Bouvard!.. Ah! vous voilà!.. flairez-moi ça.. (Elle lui met la casserole sous le nez).

MADAME GERMINET. Qu'est-ce que c'est?

MADAME CAMUSOT. Un plat de ma façon... des épinards aux écrevisses! (Mettant la casserole sous le nez de madame Michelin.) Flairez-moi ça, madame. (Madame Bouvard la tire par sa robe et la fait passer à droite).

MADAME MICHELIN (reculant). Je ne m'y connais pas. J'ai une excellente cuisinière et je m'en rapporte à elle... Adieu... au revoir... (à part). Me voilà une ennemie...

ENSEMBLE.

AIR de M. Ch. Lihu.

MADAME BOUVARD, MADAME GERMINET.

Ah! c'est par trop d'impertinence!...
Mon Dieu! quel orgueil est le sien!
Elle verra bientôt, je pense,

---

(1) Madame Germinet, madame Michelin.

(2) Mad. Germinet, mad. Michelin, mad. Camusot, mad. Bouvard.

Que les Bouvard la valent bien.

MADAME MICHELIN.

Ne me targuez pas d'insolence,
Car je sais parfaitement bien,
Qu'entre nous l'outrecuidance
Ne peut nous convenir en rien.

MADAME CAMUSOT.

Pourquoi la targuer d'insolence?
Elle sait parfaitement bien
Qu'entr'elles de l'outrecuidance
Ne peut leur convenir en rien.

(Madame Michelin sort).

SCÈNE XIII.

MADAME GERMINET, MADAME BOUVARD, MADAME CAMUSOT.

MADAME BOUVARD. Quel impertinence!..

MADAME GERMINET. Il est de fait que la belle madame Michelin m'a paru froide quand vous lui avez parlé du mariage de Juliette avec M. Barbillon.

MADAME CAMUSOT. Je ne trouve pas... Cette dame n'a pas l'air d'une femme froide...

MADAME BOUVARD. C'est une pimbêche, voilà tout! Comme si ma fille ne vaut pas bien son cousin...

MADAME GERMINET. C'est-à-dire qu'elle vaut cent fois mieux!.. Voyez donc le beau parti!.. un commissaire-priseur!..

MADAME CAMUSOT. Un commissionnaire-priseur! c'est tout de même une belle place.

MADAME GERMINET. Certainement... on me connaît... Je ne dis jamais de mal de personne, mais je suis pour la vérité... M. Barbillon n'est pas digne de Juliette... Mais madame Michelin croit que c'est pour vous beaucoup d'honneur de la donner à son cousin!

MADAME BOUVARD. Un grand honneur en vérité!..

MADAME CAMUSOT. Une femme qui n'aime pas la sauce aux écrevisses!..

MADAME GERMINET. Voulez-vous que je vous dise, ma chère amie? Eh bien! tout cela est de votre faute... Si vous ne vous étiez pas cachée de moi, je vous aurais éclairée tout de suite sur M. Barbillon, mais je suis une bonne femme, et quoique ce soit peut-être un peu tard, je vous éclairerai tout de même...

MADAME BOUVARD. Vous sauriez quelque chose?

MADAME GERMINET. Si je sais quelque chose! ah! je crois bien.

MADAME BOUVARD. (éclatant) Ah! madame Michelin se figure nous honorer!.. Ah! ce monsieur.

TOINON (entrant). Eh! madame, voilà M. Barbillon.

MADAME BOUVARD. Lui!..

MADAME GERMINET. Il arrive bien!..

MADAME CAMUSOT. Juste comme Mâche en carême!...

SCÈNE XIV.

MADAME GERMINET, MADAME BOUVARD, BARBILLON, MADAME CAMUSOT; puis BOUVARD, JULIETTE et ROMÉO.

BARBILLON (entrant et saluant). Mesdames, votre serviteur très-humble! (A madame Bouvard.) Vous voyez que je suis à l'heure... pour pouvoir arriver... je me suis contenté de vendre les meubles de mon ami défunt, remettant à demain la literie et l'argenterie. Venillez, je vous prie, me présenter immédiatement à mademoiselle Juliette... je n'ai pas un instant à perdre, car une fois cette importante présentation terminée, il me restera vingt minutes pour aller chercher madame Michelin, que je conduis ce soir aux Bouffes.

MADAME CAMUSOT. Aux mouffles! qu'est-ce que c'est que cela? (A ce moment entre Bouvard, par la gauche, Roméo par le fond, et Juliette par la droite, ils s'arrêtent tous trois étonnés au premier mot de madame Bouvard.)

MADAME BOUVARD. J'ai changé d'idée, monsieur...

BARBILLON. Plaît-il?

MADAME BOUVARD. Ma fille désire ne pas encore se marier...

JULIETTE. Quel bonheur!...

ROMÉO. Oh! chance!.. laissez-moi prendre de rechef un nouveau baiser sur votre front grec!

BOUVARD (stupéfait). Mais, que dis-tu là, Polymnie?

BARBILLON. En affaire, on ne réussit pas toujours, celle dont nous avions parlé, serait-elle manquée?...

MADAME BOUVARD. Oui, monsieur,

BARBILLON. Je le regrette vivement... ce qui ne m'empêche pas, madame, de me recommander à vous, si jamais vous avez à faire une vente volontaire, ou après décès. (Il remet sa carte à madame Bouvard.) Clovis Barbillon, commissaire-priseur, rue des Jeûneurs, 32, tous les jours, de 9 à 10. (A part). Avant un mois, elle viendra me supplier de renouer l'affaire. (Haut.) Recevez, madame, l'assurance de la considération distinguée avec laquelle j'ai l'honneur d'être votre très-humble et obéissant serviteur. (Il salue et sort.)

SCÈNE XV.

BOUVARD, MADAME BOUVARD, MADAME GERMINET, ROMÉO, JULIETTE, MADAME CAMUSOT. (Madame Germinet, Juliette et madame Camusot se sont assises à droite autour de la table.)

ROMÉO (à part). Servez chaud!.. le barbillon est frit.

BOUVARD. Madame Bouvard, les bras me tombent dans les jambes de mon pantalon!.. C'est M. Barbillon que tu congédies ainsi?..

MADAME BOUVARD. Oui, monsieur...

BOUVARD. Mais que dira madame Michelin?

MADAME BOUVARD. Madame Michelin qui vous méprise parce qu'elle va aux Italiens et qu'elle joue du piano... mais si je voulais, j'en jouerais aussi bien qu'elle, du piano!...

ROMÉO. Qui est-ce qui ne joue pas du piano?

MADAME BOUVARD (vivement). Vous en joueriez, M. le Peintre?

ROMÉO. Comme Pagonini!.. (A part.) Seulement, je ne sais que l'air des canotiers.

MADAME BOUVARD. Et vous pourriez me montrer...

ROMÉO. Tout, depuis le do jusqu'au zut! (A part.) Me voilà ancré dans la maison.

MADAME BOUVARD. Avant un mois, je ferai voir à madame Michelin de quoi je suis capable! et, dès à présent, pour lui prouver que les Italiens ne sont pas faits pour elle seule, je vous y mène tous.

TOUS. Bravo! bravo! (Madame Germinet, Juliette et madame Camusot se lèvent).

BOUVARD. Mais, ma chère amie, nous n'y comprendrons rien!..

ROMÉO. Je vous raconterai la pièce à mesure qu'on la chantera ! Les Italiens !... je ne connais que ça !... (Il chante d'une façon grotesque le récitatif suivant.)

    Ah ! mia caro ! Timbalo ! I lutti salsifi frit !

    Timbalo ! dit mon cor de chasse !

MADAME BOUVARD. Salsifi frit ! mais je comprends l'italien, moi !

TOUS. Aux Italiens ! aux Italiens !...

ENSEMBLE.

AIR : *Des Puritains.*

Allons voir la Gazza ladra,
Les Puritains ou Don Pascale,
La Grisi qui n'a pas d'égale,
Dans la Lucrèce et la Norma.

BOUVARD (à Juliette). Ne te désole pas, ma fille, je te trouverai un pharmacien.

(Reprise du chœur. Le rideau baisse.)

DEUXIÈME ACTE.

Le théâtre représente un salon plus grand et visiblement plus élégant que le premier. — A gauche, deuxième plan, un petit secrétaire ; un piano dans le fond. — A droite, un canapé. — A gauche, premier plan, une petite table avec un encrier, une plume, du papier. — Portes latérales.

SCÈNE PREMIÈRE.

MADAME BOUVARD, (seule). Toilette plus prétentieuse qu'au 1er Acte. Elle est à la porte du fond et elle crie à Toinon qu'on ne voit pas).

Pleurez si vous voulez !... Je vous donne vos huit jours, pas plus ! (Elle redescend), ma parole d'honneur, c'est immaginable, parce qu'une domestique vous sert depuis vingt ans, parce qu'elle a élevé vos enfants, parce qu'elle est presque de la famille, elle se figure qu'on la gardera toujours !... Mais les positions changent je ne suis plus passementière et cette pauvre Toinon qui faisait à peu près mon affaire, quand je débitais du galon au mètre, ne peut plus me convenir à présent que je reçois du monde comme il faut. Quand M. Bouvard saura que je l'ai renvoyée, il jettera feu et flamme... mais il se calmera, d'ailleurs il verra par lui-même que nous n'aurons pas perdu au change.

SCÈNE II.

MADAME BOUVARD, ARTÉMISE. (Crinoline monstre, robe à grans ramages. Tablier de soie noire et bonnet chargé de rubans).

ARTÉMISE (de la porte). Peut-on entrer ?

MAEAME BOUVARD. Quelle est cette dame ?

ARTÉMISE. Est-ce bien ici madame... (Elle prend une adresse dans sa poche). Madame Bouvard ?

MADAME BOUVARD (saluant), C'est moi...

ARTÉMISE (à part). La bourgeoise, elle a une bonne figure ; je la prierai de me laisser faire mon marché toute seule. (haut en saluant). Madame.

MADAME BOUVARD (saluant), Madame... donnez-vous la peine d'entrer... et dites-moi à qui l'honneur..

ARTÉMISE (s'avançant). Madame Blanchmignon, dont je suis avantageusement connue..

MADAME BOUVARD, Ah ! Vous êtes la domestique que j'attends. (Elle s'assied au gauche).

ARTÉMISE (indignée). Une domestique !... Madame se trompe de sonnette !... une domestique se prend pour tout faire, ça lève les enfants, ça les mouche, ça cire les bottes de monsieur et de madame, ça fait les lampes et ça bassine les lits, ça fend le bois et ça coule la lessive ; moi, madame, je suis cuisinière et ne fais que la cuisine ; on a été médaillé à la dernière exposition de Londres.

MADAME BOUVARD (à part). Une cuisinière médaillée !...

ARTÉMISE.

AIR d'Hervé. (final du M. qui suit les femmes).

    Voulez-vous de mon savoir faire,
    L'exposé net est bien précis ?
    Je fais la truite au madère
    Et les nids d'oiseaux farcis.
    Je brille aussi dans l'ablette,
    Aux pépins de potirons,
    Ainsi que dans la mauviette
    Aux filets de canetons.
    Je fais la crème à la fraise,
    La brebis à l'étuvé,
    Le bison en mayonnaise,
    Et je radis noir truffé.
    Une comtesse étrangère
    Me nomma son cordon bleu
    Pour ma charlotte plombière
    Et mon esturgeon au bleu.
    Dans les plats sucrés je brille,
    Et je jette un vif éclat
    Dans les choux-fleurs en coquille,
    Et dans la chipolata.
    Oui je suis cuisinière,
    Et je sais mon état,
    Je suis propriétaire
    D'un bon certificat
    Désirez-vous un plat,
    Un plat de mon état ?
    Prenez la cuisinière.

MADAME BOUVARD (enthousiasmée). Fichtre !... Et de quelle place sortez-vous ?

ARTÉMISE. Je ne sors pas !... Je me retire de chez le prince Hercule Farnèse, Carino Carinardi, une rude maison, madame, des dîners de deux cents couverts, cent vingt-cinq entremets, madame, tous faits de ma main, et je goutte toutes mes sauces...

MADAME BOUVART (à part). Saperlotte ! (haut). Pourquoi avez-vous quitté cette place ?...

ARTÉMISE. Je ne gagnais pas assez.

MADAME BOUVARD. Pas assez !...

ARTÉMISE. Huit cents francs, une misère, j'en veux mille ..

MADAME BOUVARD. Mille francs d'une cuisinière !...

ARTÉMISE. Si madame trouve que c'est trop pour ses moyens, n'en parlons plus... je ne suis pas embarassée... on m'a indiqué une dame... j'ai là son nom... (Elle prend une seconde adresse et lit). madame Michelin...

MADAME BOUVARD (vivement) (1). Madame Mi-

---

(1) Artémise, mad. Bouvard.

chelin!... Je vous arrête... vous aurez mille francs. (à part), j'aimerais mieux lui en donner deux mille. (haut) Vous allez entrer immédiatement en fonctions, j'ai justement un grand dîner. Comment vous appelez-vous?

ARTÉMISE. Artémise, mais quand madame m'appellera je désire qu'elle m'appelle, chef!

MADAME BOUVARD. On vous appellera chef!... Vous pouvez aller prendre possession de votre cuisine...

ARTÉMISE. C'est bien madame. (Elle va pour sortir et revient). Je demande pardon à madame, mais, j'ai avant tout une légère observation à lui adresser..

MADAME BOUVARD. Qu'est-ce que c'est?

ARTÉMISE. J'ai l'habitude de prendre mon café tous les matins...

MADAME BOUVARD. Comment du café!...

ARTÉMISE. Bien sucré!... à midi je déjeune à la fourchette...

MADAME BOUVARD. Je ne regarde pas à ce que mangent les domestiques!

ARTÉMISE. Très-bien! Je ferai encore à madame une légère observation.

MADAME BOUVARD. Qu'y a-t-il voyons?

ARTÉMISE. J'ai à Paris un cousin avec lequel j'ai souvent des affaires à traiter, des affaires de famille!

MADAME BOUVARD. Cela vous regarde... et ce cousin, c'est?...

ARTÉMISE (baissant les yeux). Un pompier madame.

MADAME BOUVARD. Un pompier!

ARTHÉMISE (saluant). Madame... (Revenant.) Ah! pardon!..

MADAME BOUVARD. Encore!...

ARTÉMISE. Oh! peu de chose!...c'est que le matin, je tiens beaucoup à ce que l'on me monte mon café dans mon lit...

MADAME BOUVARD (avec colère). Oh!

ARTHÉMISE. C'est une habitude.

MADAME BOUVARD (changeant de ton). Si s'est une habitude...

ARTHÉMISE. Madame!... (Elle sort par la droite.)

SCÈNE III.

MADAME BOUVARD, puis JULIETTE.

MADAME BOUVARD. Cette fille est vraiment bien.. une tenue... un comme il faut!.. mais il faut lui monter son café dans son lit. Elle n'a qu'une chose de trop, c'est ce cousin dans les pompiers... mais mille francs, c'est énorme... Allons! il est absolument nécessaire que M. Bouvard me donne un supplément!... je ne puis plus marcher avec 500 francs par mois, pour ma toilette et ma maison...

Air : *de l'Apothicaire.*

Défalquez les frais de maison,
Et vous verrez ce qui me reste!
Pour suivre la mode et le ton
Avoir un petit train modeste;
Je n'ai pas les goûts dépensiers,
Mais la plus petite toilette,
Amènerait dans mes foyers,
Toute l'horreur de la disette.(1)

Ce qu'il y a de sûr, c'est que nous voilà au 10 du mois, et qu'il ne me reste pas un sou.

JULIETTE (sortant de la chambre à gauche et allant embrasser madame Bouvard). Bonjour, mère, je viens te demander de l'argent.

MADAME BOUVARD. De l'argent?

JULIETTE. Ah! pas beaucoup!...

MADAME BOUVARD. Pas beaucoup, pas beaucoup. C'est toujours trop, une jeune fille doit être économe.

JULIETTE. Je le suis, mère, mais c'est toi qui me dépense tout.

MADAME BOUVARD. Comment, moi?...

JULIETTE. Tu sais bien que je t'ai donné l'autre fois tout ce qui restait dans ma bourse. Deux cents francs, pour acheter ce châle dont tu avais envie...

MADAME BOUVARD. (1) On vous les rendra mademoiselle!

JULIETTE. Je l'espère bien, mère; mais en attendant, je n'ai pas de quoi faire nettoyer une demi-douzaine de paires de gants.

MADAME BOUVARD. Est-ce qu'une jeune fille ne doit pas nettoyer ses gants elle-même?.. Je ne te donnerai rien du tout; ce sera six francs d'économisé.

JULIETTE. Au fait, tu as raison, mère, tu as toujours raison, tu es si bonne! (Elle l'embrasse.)

MADAME BOUVARD. Petite câline...

JULIETTE. Non, mais si tu savais comme je t'aime, pour m'avoir débarrassée de M. Barbillon!

MADAME BOUVARD. Tu ne veux donc pas te marier?

JULIETTE. Je ne dis pas cela...

MADAME BOUVARD. M. Barbillon est meilleur qu'il n'en a l'air.

JULIETTE. C'est possible, mais puisque je ne l'aime pas...

MADAME BOUVARD. Il y a quelque temps, dans une vente qu'il faisait, j'ai acheté plusieurs objets de toilette, pour lesquels il ne m'a pas encore envoyé son bordereau, je trouve cela très-galant de sa part.

JULIETTE. Je ne dis pas non, mais je le déteste... adieu, mère, je cours nettoyer mes gants. (Elle rentre dans sa chambre à gauche.)

MADAME BOUVARD. Moi, je vais essayer d'attendrir M. Bouvard, il a touché hier ses loyers... c'est le moment. Juliette! Juliette!.. (Elle sort à gauche par e même plan que Juliette.)

SCÈNE IV.

BOUVARD, ARTHÉMISE.

BOUVARD (appelant en dehors). Toinon!...

ARTHÉMISE (entrant un journal à la main). Voyons un peu comment vont les affaires. (S'étendant dans un fauteuil.) On ne peut donc pas être un moment tranquille dans cette maison.

BOUVARD (criant plus fort). Toinon! Toinon!...

ARTHÉMISE (impatientée). Mais, qu'est-ce que c'est que cet imbécile là, avec sa Toinon...

BOUVARD (en robe de chambre et en caleçon. Il entre par la gauche, premier plan). Toinon, de l'eau pour ma barbe!... Oh! une dame! (Croisant sa robe de chambre.) Mille pardons, belle dame, vous attendez sans doute mon épouse, madame Bouvard.

ARTHÉMISE (à part). C'est le bourgeois!

BOUVARD (très-galant). Vous excuserez mon négligé! c'est la faute de ma bonne qui ne m'apporte pas de l'eau pour ma barbe... Toinon!..

ARTHÉMISE (se levant). Voici votre journal, monsieur.

BOUVARD. Gardez-le, belle dame, gardez-le.

ARTHÉMISE. Je l'ai lu...

BOUVARD (le prenant). C'est différent!

---

(1) Mad. Bouvard, Juliette.

ARTHÉMISE. Du reste, en vous le remettant, je prendrai la liberté de vous faire observer que si je vous ai apporté votre journal, c'est par pure complaisance.

BOUVARD (stupéfait). Comment?...

ARTHÉMISE. Je suis cuisinière, monsieur, rien de plus, et ce n'est pas l'affaire d'une cuisinière.

BOUVARD. Cuisinière, ici!.. chez moi!.. et Toinon?..

ARTHÉMISE. Connais pas... je retourne à mes fourneaux.

BOUVARD. Mais si vous êtes cuisinière, au moins apportez-moi de l'eau pour ma barbe.

ARTHÉMISE. C'est l'affaire d'un valet de chambre, monsieur, je ne suis pas valet de chambre. (Elle sort par la droite.)

SCÈNE V.
BOUVARD, puis MADAME BOUVARD.

BOUVARD (abasourdi). Oh! oh! voilà qui est fort! voilà qui est trop fort. (Criant avec colère.) Polymnie, madame Bouvard!.. sacrédié!.. il y a de quoi sortir des gonds! Polymnie!...

MADAME BOUVARD (entrant). Eh! bien, monsieur, qu'y a-t-il?.. pourquoi ces cris?...

BOUVARD. Qu'est-ce que c'est que cette fille que je viens de trouver là?.. quel est ce nouveau cordon bleu dont tu m'as décoré?

MADAME BOUVARD. Notre nouvelle cuisinière?

BOUVARD. Une servante qui ne veut seulement pas m'apporter de l'eau! Elle n'est donc pas propre cette fille?

MADAME BOUVARD. (1) Du calme, monsieur Bouvard, cette fille sort de chez des princes; elle n'est pas habituée à ces manières brutales.

BOUVARD. Je m'en fiche pas mal... et Toinon?..

MADAME BOUVARD. Ne te fâches pas, monsieur Bouvard, vois-tu, Toinon ne convenait plus à notre rang... à notre position.

BOUVARD. Ah! oui... tes idées nouvelles... des dîners à donner qui n'en finissent plus... des visites qui m'ennuient à avaler ma langue; tu as renvoyé Toinon parce que tu la trouvais trop commune... comme les Camusot que nous avons cessé de voir, parce que madame Camusot est une bonne femme, simple et sans façons, comme je les aime...

MADAME BOUVARD. Avez-vous fini vos récriminations?...

BOUVARD. Oui, Polymnie, j'ai fini, j'ai promis à monsieur le maire du VIe arrondissement, de faire ton bonheur et je ne veux pas manquer à ce serment, après l'avoir tenu vingt ans. J'irai moi-même chercher l'eau pour ma barbe.

MADAME BOUVARD (l'arrêtant). Tu es le meilleur des maris, monsieur Bouvard; le plus excellent des hommes. (Elle le fait asseoir à gauche.) Dis-donc!

BOUVARD. Ma femme?

MADAME BOUVARD. T'es-tu demandé quelque fois ce que coûte le bœuf?

BOUVARD (stupéfait). Comment, le bœuf!... par exemple, voilà une question...

MADAME BOUVARD. Elle est pleine d'actualité, voyons, mon ami, réponds... je suis sûre que tu ne t'en doutes pas. Eh bien? monsieur Bouvard, le bœuf coûte aujourd'hui trois francs à trois francs cinquante la livre.

BOUVARD (sautant). Trois francs cinquante! du bœuf!...

MADAME BONVARD. Du bœuf ordinaire; si l'on vend des morceaux de première catégorie, c'est plus cher.

BOUVARD. Encore! Mais alors, le bœuf ne sera bientôt plus à la mode.

MADAME BOUVARD. Et le poisson... on n'a pas un turbot, un petit turbot de rien du tout à moins de 60 francs.

BOUVARD. Le métier de pêcheur à la ligne va donc devenir lucratif.

MADAME BOUVARD. Et le bois, et la chandelle, et le beurre, tout a doublé, triplé, quintuplé!... C'est comme le bœuf!...

BOUVARD. Un petit pain d'un sou doit valoir 25 centimes.

MADAME BOUVARD. Oh! tu exagères... Je te parle raison et tu plaisantes. (Très-calme.) Cependant, tu comprends, mon ami, que s'il faut que je continue à te donner des filets de bœuf, du poisson toujours très-frais, du beurre à 4 fr. 75, et tout cela avec cinq cents misérables francs par mois.

BOUVARD. Allons, parle, combien te faut-il de plus?

MADAME BOUVARD. Est-ce que je sais! Je m'en rapporte à toi, tu es si grand, si généreux!...

BOUVARD. Cinquante francs par mois, hein?

MADAME BOUVARD (se récriant). Cinquante francs! (Elle va s'asseoir à droite sur le canapé.) Enfin, je ferai comme je pourrai. (Changeant de ton.) Mon Dieu que les hommes sont drôles; est-ce que je veux le manger ton argent?...

BOUVARD. Voyons, mettons cent francs! Est-ce assez?...

MADAME BOUVARD. Ce que je t'en dis, c'est pour toi, tu aimes les bons dîners...; tu es gourmand, très-gourmand.

BOUVARD. Je ne m'en cache pas. Mais, à propos, de dîner, est-ce que nous aurons encore aujourd'hui notre jeune peintre, M. Roméo, que tu ne pouvais souffrir, et dont maintenant tu ne peux te passer?...

MADAME BOUVARD. Seriez-vous jaloux?.. M. Bouvard!

BOUVARD (s'asseyant à côté de sa femme). De toi, Polymnie, jamais; mais nous avons une fille...

MADAME BOUVARD. Rassure-toi, monsieur Bouvard. Comment peux-tu supposer qu'un artiste, un peintre, un barbouilleur oserait lever les yeux sur notre fille.

BOUVARD (se levant). J'avoue que cette audace me surprendrait.

MADAME BOUVARD (le tirant par sa robe de chambre pour le faire rasseoir). M. Roméo me donne des leçons de piano; il m'apprend mon grand air. Tu verras, c'est une surprise que je te ménage,... puis il vient encore pour autre chose... Ce sont mes petits secrets!...

BOUVARD (se levant). Si ce sont des secrets!

MADAME BOUVARD (se levant également). Dis donc, mon ami, il y a déjà bien longtemps que tout est cher.

BOUVARD. Ah! je comprends! Justement, hier, j'ai touché le terme du rez-de-chaussée. (Il va au petit secrétaire et en tire deux billets de 500 francs.)

MADAME BOUVARD (qui l'a suivi). Mille francs! Ah!... Tiens, vois-tu, monsieur Bouvard; tu es charmant!... (Elle veut prendre les billets.)

BOUVARD (l'en empêchant). Oui, mais à une condition!... (1)

MADAME BOUVARD. Tout ce que tu voudras.

BOUVARD. Nous avons ce soir un grand repas... où tu as invité madame Michelin, avec laquelle tu es

---

(1) Bouvard, mad. Bouvard.

en apparence réconciliée; je n'en dis pas de mal,
madame Germinet, que tu portes dans ton cœur, et
qui est la plus mauvaise petite langue que je connaisse;
je n'en dis pas de mal.

MADAME BOUVARD. Où veux-tu en venir?...

BOUVARD. A ceci : C'est que si je te passe tes
amies... tu me passeras les miens; j'aime les Camusot,
tu les inviteras...

MADAME BOUVARD. S'il n'y a que cela pour te faire
plaisir, je vais écrire à madame Camusot. (Elle va
à la petite table à gauche et écrit.) « Madame Camusot, nous vous attendrons à dîner ce soir. — Si-
gné femme Bouvard.

BOUVARD. Alors, donnant, donnant.

MADAME BOUVARD. Donnant, donnant. (Elle donne
sa lettre à Bouvard qui lui donne les billets.)

ENSEMBLE.

AIR :

Il ne faut pas, dans son ménage,
Attendre après dix ou vingt sous,
Les vivres coûtent davantage,
Et tout est vendu des prix fous.

(Bouvard sort.)

SCÈNE VI.

MADAME BOUVARD, puis ROMÉO.

MADAME BOUVARD (s'asseyant à gauche). Deux
billets de 500 francs; il s'agit de les employer avec
économie. D'abord j'ai 200 francs à rendre à Juliette,
puis mon dîner d'aujourd'hui va me coûter au moins
deux autres cents francs... ça fait quatre... puis
quatre ou cinq cents francs au moins pour la maison
d'ici la fin du mois... reste une centaine de francs
pour ma toilette. M. Roméo, pour me plaire, s'est
ménagé des accointances chez madame Michelin; il
doit me dire quelle espèce de toilette elle aura ce soir
à mon dîner... afin que je puisse en avoir une aussi
belle... avec cent francs, j'ai plus qu'il ne me faut.—
(Apercevant Roméo qui entre mystérieusement.)
Monsieur Roméo! Eh bien?...

ROMÉO. (Il déplie une grande pancarte et lit ce qui
suit.) Robe de gros de Naples vert, feuille d'artichaut,
sept volants, huit nœuds ponceaux partant de la pointe
du pied et montant à la ceinture,... corsage à la Sou-
varow; quatorze fronces dans le dos... sur le devant
un nœud de rubans orange, de la grosseur d'un chou...
bien venu..., coiffure de perles avec une plume de
héron sur l'oreille gauche! Tels sont les détails de la
splendide toilette que madame Michelin doit avoir
aujourd'hui.

MADAME BOUVARD (qui a plusieurs fois interrompu
Roméo par des exclamations). Quel goût!... Quelle
richesse! Et vous êtes bien sûr de ce que vous avan-
cez?

ROMÉO. Pour avoir le programme, j'ai pénétré
dans le sanctuaire du cabinet... autrement dit, j'ai
séduit, avec l'or et une place à l'Ambigu, la femme
de chambre de madame Michelin.

MADAME BOUVARD (réfléchissant).
Comment avoir une toilette semblable d'ici à ce
soir?

ROMÉO. Voilà le hic.

MADAME BOUVARD. J'ai bien le corsage; la coiffure est facile à trouver...

ROMÉO. Parbleu, une plume de héron! Il n'y a
qu'à... Plumer une oie.

MADAME BOUVARD. Mais c'est la robe...

ROMÉO. C'est vrai, où donc aurions-nous bien notre
robe?... (Comme frappé d'une idée.) Oh!...

MADAME BOUVARD. Quoi donc?

ROMÉO. Je me souviens que l'étoffe a été procurée
à madame Michelin par M. Barbillon...

MADAME BOUVARD. Je cours chez M. Barbillon.
(Elle va pour sortir et se trouve en face de madame
Germinet qui entre.) Ah! c'est vous!... Mais je n'ai
pas le temps, je reviens à l'instant. (Elle sort.)

ROMÉO (à madame Germinet.) Ah! c'est vous?
pardon! mais nous n'avons pas le temps... nous re-
venons dans la minute... (Il salue ironiquement et
sort.)

SCÈNE VII.

MADAME GERMINET, puis BARBILLON.

MADAME GERMINET. Ah! qu'il me déplaît donc,
cet affreux rapin!... Et madame Bouvard! qu'est-ce
que c'est que cette manière de recevoir les gens qui
viennent sans façon vous demander à dîner?... J'ad-
mets que l'on soit pressé, mais avant tout, il faut être
poli...

BARBILLON (dans le fond et présentant le dos au
public et ayant l'air de parler à quelqu'un). Il m'en
reste un coupon, oui, madame Bouvard, un coupon,
nous en causerons tout à l'heure, j'ai dix minutes
à vous donner. (Il entre.)

MADAME GERMINET. M. Barbillon!

BARBILLON. Madame Germinet! Enchanté d'une
rencontre qui me procure l'occasion de vous offrir ce
catalogue... la vente du mobilier d'une actrice en re-
nom; vous y trouverez quantité d'ustensiles de ménage, tels que cornets à piston, maillots garnis, bon-
nets de coton, faux-cols, deux paires de bottes à
l'écuyère et une canne de tambour major.

MADAME GERMINET. Je vous croyais fâché avec
madame Bouvard.

BARBILLON. Comme homme, oui, mais nullement
comme commissaire-priseur; elle se sert souvent de
mon ministère...

MADAME GERMINET. Vraiment!...

BARBILLON. A l'instant même je viens de la ren-
contrer, elle allait chez moi, et elle m'a prié de
l'attendre... Il s'agit, m'a-t-elle dit, de lui trouver un
coupon semblable à celui que j'ai procuré à ma belle
cousine.

MADAME GERMINET. C'est vrai, madame Bouvard
singe volontiers madame Michelin...

BARBILLON. C'est une faiblesse dont je profite.

AIR du Verre.

Elle a pour l'imitation
Du talent, presque du génie,
Madame Michelin, dit-on,
Est son modèle et sa manie,
Elle a ses cols, ses falbalas,
Ses châles, ses souliers, sa guipure,
Ses bas, ses corsets,

MADAME GERMINET.

Mais n'a pas
Son pied, sa taille et sa tournure.

BARBILLON. Du reste, c'est encore pour l'imiter
qu'elle veut cette étoffe.

MADAME GERMINET. Eh bien!...

BARBILLON. Eh bien! son but ne sera pas rempli.

MADAME GERMINET. Pourquoi donc? Vous lui
refuseriez.

BARBILLON. Du tout! Mais c'est que sa robe une

fois faite, ma cousine l'a trouvée de si mauvais goût qu'elle s'est empressée de la laisser à sa couturière, laquelle l'a vendue à une marchande à la toilette.

MADAME GERMINET. Ah! c'est charmant!.. Certainement je suis une bonne femme, mais je ne puis m'empêcher de rire quand je pense. Oh! quelle idée !.. Attendez donc! Nous allons rire bien davantage, j'entends madame Bouvard... laissez-moi faire.

SCÈNE VIII.
MADAME GERMINET, MADAME BOUVARD, BARBILLON.

MADAME BOUVARD (entrant). C'est une infamie! A une pratique comme moi! certainement elle ne me fera plus rien.

MADAME GERMINET. Qu'avez-vous donc, chère amie?

MADAME BOUVARD. Comprenez-vous ça; ma couturière qui refuse de me monter une jupe pour ce soir, sous prétexte qu'elle n'a pas assez de temps...

MADAME GERMINET. Il est de fait que d'ici à ce soir, en deux ou trois heures... mais pourquoi la feriez-vous faire quand vous pouvez l'avoir dans un moment toute faite.

MADAME BOUVARD. Comment?

BARBILLON (à part). Je saisis!.. C'est très-méchant... mais c'est très-drôle !

MADAME GERMINET. M. Barbillon me parlait d'une jupe absolument semblable à celle que vous désirez.

MADAME BOUVARD. Toute faite?

MADAME GERMINET. Toute faite...

MADAME BOUVARD. Toute faite, M. Barbillon?...

BARBILLON (s'inclinant). Toute faite, madame!..

MADAME BOUVARD. Quel bonheur, dites, dites! Où est-elle? que j'envoie de suite.

MADAME GERMINET. Mais, c'est que...

MADAME BOUVARD. C'est que?...

MADAME GERMINET. Pour porter des toilettes semblables il faut une position particulière...

MADAME BOUVARD. Il me semble que j'en ai une.

MADAME GERMINET. Ce sera excessivement cher.

MADAME BOUVARD. Nous avons 15,000 livres de rentes, madame...

MADAME GERMINET. Ce que je vous en dis, chère amie, c'est pour vous; c'est une observation toute amicale, un avis désintéressé... vous savez l'intérêt que je vous porte.

MADAME BOUVARD. Enfin, cette robe...

MADAME GERMINET. M. Barbillon peut vous le dire...

BARBILLON (crivant sur son calepin qu'il remet à madame bouvard). Voici, madame.

MADAME BOUVARD (lisant). « Madame Brisetout, marchande à la toilette, rue de Vendôme. » C'est à côté, dans un instant elle peut être ici; vous permettez? (A part). Enfin, je l'aurai... (Elle disparaît un moment au fond. Madame Germinet et Barbillon se jettent chacun dans un fauteuil et rient aux éclats; lorsque madame Bouvard reparaît, ils reprennent leur sérieux). J'espère que vous dînez avec nous, M. Barbillon.

BARBILLON (regardant sa montre). Si mes affaires me le permettent, madame, j'aurai ce plaisir.

MADAME GERMINET. Je me garderai bien, chère amie, de manquer à votre aimable invitation.

ENSEMBLE.
AIR : *Rondeau des orphelines de Saint-Sever.*
(Musique d'Oray).
MADAME BOUVARD.
Partez ce soir je veux être coquette,

Vous reviendrez pour juger de l'effet
Que produira ma superbe toilette,
Ma robe verte et mon riche bonnet.

BARBILLON, MADAME GERMINET.
La pauvre femme est vraiment trop coquette,
Nous reviendrons pour juger de l'effet
Que produira sa superbe toilette,
Sa robe et son riche bonnet.

(Ils sortent tous les deux).

SCÈNE IX.
MADAME BOUVARD, puis ARTÉMISE, MADAME BOUVARD, UNE MARCHANDE A LA TOILETTE.

MADAME BOUVARD. A-t-on vu cette madame Germinet? Il faut une certaine position... Ce sera très-cher... C'est la jalousie qui la fait parler... d'ailleurs, qu'importe le prix... n'ai-je pas les mille francs que M. Bouvard vient de me donner?

ARTÉMISE (entrant). Voici la personne que vous avez fait demander...

MADAME BOUVARD. Qu'elle entre... qu'elle entre...

ARTÉMISE. Mais je prie madame de remarquer que je n'ai pas quitté ma cuisine dans le but d'annoncer cette visite à madame... ce n'est pas dans mes fonctions ; je viens demander à madame ses ordres pour le menu du dessert...

MADAME BOUVARD. C'est bien, prenez une plume et du papier, je vais vous dicter (à la marchande). Voyons cette robe !...

LA MARCHANDE (déployant son paquet sur le canapé à droite). Une véritable occasion.

MADAME BOUVARD (examinant). Elle est magnifique. (à Artémise). Y êtes-vous? Écrivez d'abord un fromage glacé... (à la marchande). Combien cette robe?

LA MARCHANDE. Madame voit qu'elle est magnifique.

MADAME BOUVARD. En effet, (à Artémise). Effacez le fromage glacé, mettez un savarin à la place. (A la marchande). Enfin, combien en voulez-vous?

LA MARCHANDE. Mon Dieu, madame, s'il n'y avait pas de dentelles ; mais madame sait que la dentelle est très-chère.

ARTÉMISE (qui écrit sur la table à gauche). Après le savarin?

MADAME BOUVARD. En effet, il y a beaucoup de dentelles... (A Artémise). Effacez le savarin et mettez deux compotes, poires et pommes. (A part). Ça coûte moins cher et ça fait plus d'effet. (A la marchande). Votre dernier prix?...

LA MARCHANDE. Six cents francs!...

MADAME BOUVARD. Six cents francs !...

ARTÉMISE. Et après les compotes? madame.

MADAME BOUVARD. Après les compotes... après les compotes... Effacez les compotes et mettez en place un plat de pruneaux. (A la marchande). Je vous en donne cinq-cents rien de plus. (Elle lui donne un billet de banque)...

ARTÉMISE. Après les pruneaux?

MADAME BOUVARD. J'y pense, tout le monde n'aime pas ça ; effacez les pruneaux et mettez un morceau de fromage de Roquefort.

LA MARCHANDE. J'y perds, madame...

MADAME BOUVARD (à Artémise). Effacez le fromage.

LA MARCHANDE. Enfin, pour les cent francs, madame me donnera les objets qui ne sont plus à sa convenance, j'achète tout.

MADAME BOUVARD. Tenez, regardez dans ce porte-manteau. (à Artémise). Où en est le menu? (La marchande entre dans le cabinet à droite).

ARTÉMISE (montrant un papier tout effacé). Un vrai menu, il ne reste rien... tout est effacé.

MADAME BOUVARD. Rien ! Ce n'est peut-être pas assez, vous y ajouterez quelques petites choses. (A part). Une robe de 500 francs, je ne peux pas non plus leur donner soixante plats de dessert.

LA MARCHANDE (sortant du porte-manteau avec des buffletteries de garde national) Des buffletteries !.. justement une jeune première des délassements m'en a demandé... soi-disant pour son portier....

MADAME BOUVARD. Prenez-les, M. Bouvard ne sera bientôt plus de la garde nationale! (A Artémise), Enfin de compte, faites des pots de crème...

ARTÉMISE. Chacun son pot. (A part). En voilà un dessert.

LA MARCHANDE (qui a fait un paquet des divers objets pris dans le porte-manteau et entre autres des buffletteries). A une autre occasion, madame.

MADAME BOUVARD. Bonjour. (La marchande sort).

ARTÉMISE. Je suppose que madame me donnera quelqu'un, je cuisine, mais je ne lave pas.

MADAME BOUVARD. C'est vrai... c'est vrai... qui pourrai-je vous donner? (Apercevant madame Camusot qui entre). Ah ! ma chère madame Camusot ! quel plaisir de vous voir ! Vous avez donc reçu mon invitation à temps ! vous ne pouviez arriver plus à propos...

SCÈNE X.

ARTÉMISE, MADAME BOUVARD, MADAME CAMUSOT.

MADAME CAMUSOT. Vous me confusionnez, madame Bouvard.

MADAME BOUVARD. Il faut que vous me rendiez le service d'aider un peu ma nouvelle cuisinière...

MADAME CAMUSOT. Tout de suite. Qu'est-ce qu'il y a à faire?... Une compote, des œufs au lait, un chausson aux pruneaux ?

ARTÉMISE (à part). Hein ? est-ce qu'elle voudrait fourrer son nez dans mes casseroles.

MADAME BOUVARD (bas à madame Camusot). C'est une fille qui sort de chez des princes, elle n'est pas habituée à regarder à la dépense...

MADAME CAMUSOT (de même). Suffit ! je perçois, si elle a la main lourde, on saura la dulcifier.

ARTÉMISE (à part). Alors je laisse grâtiner les sauces et brûler tous les rôtis, le dîner sera gentil.

ENSEMBLE.

Air de M. Ch. Lehr.

MADAME BOUVARD.

Allons, soyez vives,
Ne lambinez pas,
Car tous nos convives
Déjà sont en bas...

MADAME CAMUSOT ET ARTÉMISE.

Allons, soyons vives,
Ne lambinons pas,
Car tous les convives
Déjà sont en bas...

SCÈNE XI.

BOUVARD, MADAME BOUVARD.

MADAME BOUVARD. Maintenant, ne songeons plus qu'à ma toilette !... c'est aujourd'hui que je veux montrer à madame Michelin, ce que je suis...

BOUVARD (entrant par la gauche). Eh bien, madame Bouvard, pas encore habillée, et tous nos invités qui arrivent...

MADAME BOUVARD. Oh ! mon Dieu ! déjà...

BOUVARD. Les voici sur mes talons.

MADAME BOUVARD. Grand Dieu !... retiens-les !.. Dans un quart-d'heure je serai prête. (Elle prend sa robe et entre dans sa chambre.)

SCÈNE XII.

ROMÉO, BARBILLON, BOUVARD, JULIETTE, MADAME GERMINET.

ENSEMBLE.

Air : de la polka des buveurs?

Venons sans cérémonie,
Profiter des doux instants,
Auquel ici nous convie
Un hôte charmant,
Plein de sentiment.

BOUVARD (à Juliette qui entre). Arrive donc, ma fille, arrive donc...

JULIETTE. Voilà, père !... comment me trouves-tu ?

BOUVARD. A croquer, ma fille, à croquer, n'est-ce pas qu'elle est à croquer, ma fille ?...

MADAME GERMINET. Charmante... comme toujours... seulement... (Elle se pince le nez.) on dirait que ça sent... quoi donc ?... mais c'est la térébenthine !...

BARBILLON. Il est positif que ça sent la térébenthine...

BOUVARD. Fectivement !... ça empoisonne la térébenthine.

JULIETTE (embarrassée). C'est vrai... c'est que j'ai moi-même nettoyé mes gants.

MADAME GERMINET. C'est donc cela ?

BARBILLON (riant). L'économie est une vertu.

ROMÉO. Oui, monsieur... l'économie est une vertu. (Pressant fortement le bras de Barbillon.) Les dames romaines lavaient leurs robes elles-mêmes, saviez-vous cela, monsieur Barbillon ?...

BARBILLON (effrayé). Oui, monsieur, certainement. (A part.) Qu'est-ce qu'il a donc ce sauvage-là ?

BOUVARD. Embrasse-moi, ma fille...

Air : J'en guette un petit.

Car cette odeur, je la trouve suave,
Enfant, depuis que j'en connais l'emploi,
Ah ! laisse le s'exhaler sans entrave,
Ce doux parfum qui monte jusqu'à moi.
De ton honneur, auquel tant d'prix j'attache,
Tous ces soins-là me sont de sûrs garants.
Ah ! continue à nettoyer tes gants,
Pour être une fille sans tache...

BARBILLON. C'est en effet une odeur qui n'a rien de désagréable pour messieurs les peintres.

ROMÉO. (lui reprenant le bras). Je crois que vous avez parlé de peintres.

BARBILLON (se dégageant). Ah ça !... mais quand on a ce caractère là, on ne va pas dans le monde.

BOUVARD (au fond). Messieurs, ma femme !

SCÈNE XIII.

LES MÊMES, MADAME BOUVARD, en toilette ridicule, MADAME MICHELIN. (Au moment où madame Bouvard entre de gauche, madame Michelin dans une toilette simple et de bon goût, paraît au fond.)

MADAME GERMINET (annonçant). Madame Michelin !...

MADAME BOUVARD (se précipitant au-devant de madame Michelin). Cette chère dame ! (Apercevant la mise de madame Michelin). Ah ! mon Dieu !... (1)

ROMÉO. Sacrédié ! je ne vois pas du tout la robe artichaut ni la plume de héron.

MADAME MICHELIN. Qu'avez-vous donc, ma chère amie ?..r

MADAME BOUVARD. Rien, rien du tout... c'est... c'est que... (Bas à Roméo avec fureur.) Vous m'avez trompée !..

ROMÉO. Démoli !

MADAME GERMINET (à Madame Michelin). Madame Bouvard a tant de bon goût, qu'elle s'est empressée d'acheter la robe qu'elle croyait être la vôtre.

MADAME MICHELIN. En effet, mais je ne l'ai pas trouvée de mon goût, bien qu'elle soit fort belle.

MADAME GERMINET. Et vous l'avez laissée à votre couturière qui l'a vendue à une marchande a la toilette, laquelle l'a revendue à madame Bouvard. Tout s'explique.

BOUVARD (bas à sa femme). Ma chère amie, c'est, je crois, le moment d'exécuter ton grand morceau.

MADAME BOUVARD. Oh ! non, mon ami, non, je n'oserais pas.

BOUVARD. Madame Bouvard, en attendant le dîner, demande à jouer un morceau de la composition de monsieur... (Il montre Roméo.)

ROMÉO (à part). Bigre !...

MADAME MICHELIN. Comment ! madame Bouvard touche du piano !

MADAME GERMINET. C'est encore une surprise qu'elle nous ménageait. (Tout le monde s'asseoit.)

BOUVARD. Allons, va ma femme... (Il la mène au piano.) Ne la quittez pas, monsieur Roméo.

ROMÉO (marquant la mesure). Une, deux, trois, allez !... (Madame Bouvard joue l'air des *Canotiers.*

BOUVARD. Fictivement, je connais cet air-là, nous avons dû l'entendre aux Italiens !

MADAME MICHELIN (riant). Aux Italiens !...

BOUVARD. Ou au café Turc, je ne connais que ça, tenez... (Il chante.)

La, itou, ta la la itème ! la! itou la la la la la...

MADAME BOUVARD (se levant furieuse et montrant la porte à Roméo). Sortez de chez moi, monsieur... La itou !

ROMÉO (à part). Il faudra que j'invente autre chose.

MADAME GERMINET. Vous ne nous chantez pas un petit couplet, madame Bouvard.

BOUVARD. Le moindre couplet, ma femme, le moindre couplet...

____

(1) Roméon, Barbillon, Bouvard, mad. Bouvard, mad. Michelin, mad. Germinet, Juliette.

MADAME BOUVARD. Taisez-vous ! vous êtes stupide.

BOUVARD (ébahi). Oh ! alors, allons dîner ! messieurs, la main aux dames.

____

SCÈNE XIV.

LES MÊMES, MADAME CAMUSOT.

MADAME CAMUSOT. Le dîner, si vous ne mangez que celui-là...

TOUS. Comment ?

MADAME BOUVARD (tombant sur une chaise). C'est le dernier coup !..

MADAME CAMUSOT. Il ne reste plus que la salade.

MADAME MICHELIN À MADAME BOUVARD. (1) Ne vous désolez pas, ma chère amie, ces choses-là peuvent arriver tous les jours... mais on peut y remédier... permettez-moi de vous emmener, j'ai toujours chez moi un en tout cas.

TOUS. Bravo ! bravo !...

BOUVARD. Mais certainement, puisque madame Michelin est assez bonne...

MADAME BOUVARD (à part, très-vexée). Oh !

BARBILLON. Eh bien, voyons, une fois, deux fois, trois fois, personne ne dit mot... adjugé. Allons dîner.

MADAME GERMINET. Il faut bien aller dîner quelque part.

(Madame Bouvard sort appuyée sur le bras de madame Michelin.)

CHŒUR.

AIR : *Polka des deux vieilles gardes.*

Un repas
Brûlé manque d'appas,
Espérons,
Quand nous reviendrons,
Qu'un festin
Plus recherché, plus fin,
N'aura pas un si fatal destin.

(Tout le monde sort).

____

SCÈNE XV.

ARTHÉMISE, UN POMPIER.

(Aussitôt que la scène est vide, Arthémise entre portant par un bout une table richement servie, qui est portée à l'autre bout par un pompier. Arthémise va pousser les verrous de toutes les portes, puis tous deux se mettent à table.)

(Le rideau baisse.)

____

(1) Roméo, Bouvard, mad. Bouvard, mad. Michelin, Juliette, Barbillon, mad. Camusot.

____

TROISIÈME ACTE.

Le théâtre représente un grand jardin. — Un mur au fond, une porte au milieu. — A droite, un pavillon. — De chaque côté des arbres. — A droite, premier plan, un banc de jardin.

(Au lever du rideau, Roméo paraît au-dessus du mur et regarde de tous côtés dans le jardin).

SCÈNE PREMIÈRE.

JULIETTE, ROMÉO.

ROMÉO (sur le mur appelant). Juliette !

JULIETTE (un rateau à la main, apercevant Roméo). Ciel ! monsieur Roméo ! vous ici à Nanterre ! (Elle va lui ouvrir.) quelle imprudence ! si maman vous voyait ! elle est toujours furieuse contre vous !..

ROMÉO. Avant tout, o Juliette ! un renseignement de la plus haute importance... M'aimez-vous toujours !

JULIETTE. Monsieur Roméo,...

ROMÉO. Ce silence est plein d'éloquence!... Ainsi le Barbillon a changé d'eau?

JULIETTE. Au contraire, il est ici souvent, mais il ne s'occupe plus de moi... Il procure à maman des occasions... dans les ventes... c'est lui qui nous a fait acheter cette propriété.

ROMÉO. Le château du village... dix arpents de jardin... vingt-six chambres de maître, remise, écurie pour vingt chevaux, buanderie, vacherie. Un bazar! Et comme pour remplir tout cela, vous êtes trois personnes, car je ne compte ni la cuisinière qui ne fait que la cuisine, ni le galopin que votre mère a déguisé en groom, à l'usage de M. Bouvard... il en résulte que vous passez votre temps à balayer vos vingt-six chambres et à ratisser vos dix arpents de jardin... joli! un métier de cantonnier!

JULIETTE. Comment, vous savez...

ROMÉO. Très-bien! madame Bouvard arrose et papa Bouvard, avec son costume de gentleman ridé et son pince-nez, pompe soixante seaux d'eau à la minute! Et dire que tout cela a pour but d'aplatir madame Michelin!... O orgueil! pour pouvoir lui dire : vous avez dans le village, à côté de chez moi, une petite maison charmante, coquette, mignonne comme un nid d'oiseaux... mais toute petite... tandis que moi, j'ai un grand château qui n'en finit plus... je m'y embête énormément, mais c'est très-grand, voilà! attrape!...

AIR *du premier prix.*

Ce vieux donjon si vénérable,
Dont on salue au moins le seuil,
C'est l'un des sept châteaux du diable,
Car c'est le château de l'orgueil.
Il y manq' l'écusson superbe
De l'antiq' maison des Bouvards :
Trois ou quatre pompons en gerbe
Sur un champ de grain's d'épinards !

JULIETTE. Oh! monsieur Roméo, vous êtes sévère!

ROMÉO. Parbleu! s'il ne s'agissait que de votre mère, qu'est-ce que ça me ferait qu'elle s'enrhume à faire chez elle l'office de domestique; mais ces petites menottes qui s'usent à manier un manche de rateau... ces petites menottes sont à moi... (Il les baise.) et je ne veux pas qu'on les abîme!... j'ai mon plan... un petit complot que je mijote... une petite leçon que je veux donner à madame Bouvard.

JULIETTE. Que voulez-vous donc faire?

ROMÉO. Écoutez!... Le conseil municipal de Nanterre se rassemble aujourd'hui pour choisir la femme comme il faut qui doit couronner la rosière...

MADAME BOUVARD (au dehors). Juliette!

JULIETTE (effrayé). Maman!

ROMÉO. Vous ne m'avez pas vu! silence! (Il se jette derrière un arbre au moment ou madame Bouvard entre par le 2e plan à gauche.)

SCÈNE II.

MADAME BOUVARD, JULIETTE, puis BOUVARD et ZÉPHYR.

MADAME BOUVORD (un arrosoir à la main et en grande toilette.) Juliette! — Ah! te voilà!.. Eh bien! où en sommes-nous? Le potager est-il ratissé?...

JULIETTE. Oui, maman.

MODOME BOUVORD. Et les quinconces? Très-bien!... Dépêche-toi de finir cette allée-ci pour venir m'aider... j'ai encore 145 pots à arroser.

JULIETTE. Oui, maman. (Elle sort en ratissant.)

MADAME BOUVARD. Si ce n'était pas comme il faut d'avoir un grand nombre de pots dans son jardin, j'avouerais franchement que le nôtre en a beaucoup trop... (Criant à M. Bouvard.) Allons donc, M. Bouvard, un peu de nerf! (Bouvard entre en poussant devant lui une brouette pleine d'herbes. Il a un pantalon collant, un habit très-étroit et un pince-nez. Zéphyr tenue de groom de bonne maison marche derrière lui à trois pas.)

BOUVARD essoufflé, s'asseyant sur sa brouette). Madame Bouvard, je vous réitère que je suis très-fatigué!... Quand je pense qu'il y a des gens qui viennent à la campagne pour se distraire et se délasser.

MADAME BOUVARD. Il me semble que vous ne manquez pas ici de distractions.

BOUVARD. Elles sont gaies, les distractions! Épousseter, frotter, nettoyer, balayer, ranger... bêcher, labourer, ratisser, planter, sarcler, arroser... Merci! j'ai des ampoules et des durillons à tous les doigts.

MADAME BOUVARD. Noblesse oblige, M. Bouvard, et il faut savoir tenir son rang quand on habite un château.

BOUVARD. J'aimerais mieux une chaumière. . sans jardin !

MADAME BOUVARD (colère). La maisonnette de madame Michelin, par exemple?

BOUVARD. Ah! oui !.. ah! oui;.. Au moins je pourrais y dormir la grasse matinée, lire mon journal dans mon lit, et sortir en jaquette... tandis qu'ici... (Il regarde d'un air piteux son costume d'élégant qui l'étouffe de partout.

MADAME BOUVARD. Vous allez peut-être encore vous trouver bien malade, parce que j'ai exigé que vous revêtissiez un habit... en rapport avec votre position...

BOUVARD. Mais, Polymnie, il me gêne aux entournures...

MADAME BOUVARD. Ça se brisera en marchant.

BOUVARD Juste ce que le tailleur m'a dit.,. Mais je m'aperçois que ça ne se brise pas souvent... (Il reprend les bras de sa brouette et il pousse un cri de joie.) Ah! ça s'est brisé! (Il se retourne et montre son habit fendu dans toute la longueur du dos.) Ouf? on respire! (1)

MADAME BOUVARD (appelant le groom). Zéphyr, un habit à monsieur.

BOUVARD. Du tout!.. (Appelant.) Artémise !

MADAME BOUVARD. Vous savez bien qu'Artémise ne se dérange pas quand elle est à la cuisine...

BOUVARD. Je l'avais oublié!... Peste! un cordon bleu ! Alors, monsieur Zéphyr, je vous prie d'aller prier madame Artémise de vouloir bien m'envoyer ma tunique de garde national, mes buffleteries, mon sabre et mes épaulettes. (Zéphyr sort.)

MADAME BOUVARD. Comment!.. que faites-vous?

BOUVARD. Je m'amuse trop ici... et pour me reposer, j'ai prié mon sergent-major de ne pas m'oublier... Il m'a répondu par ce poulet... (Il montre un billet de garde.) qui me commande de garde.

MADAME BOUVARD (à part). De garde !.. moi qui ai vendu tout son attirail !

SCÈNE III.

LES MÊMES,, ZÉPHYR, puis ARTÉMISE.

ZÉPHYR (rentre chargé d'un habillement complet de grenadier de la garde.) Voilà monsieur !

_____

(1) Bouvard, mad. Bouvard, Juliette, Zéphyr.

MADAME BOUVARD (étonnée). Que vois-je? comment tout cela se trouve-t-il ici?

ARTÉMISE (entrant en courant. Galopin! Veux-tu me rendre ces... (Apercevant Bouvard qui a mis la tunique et qui enfile les buffleteries.) Ciel! monsieur qui s'habille avec le fourniment de mon cousin, Grand-Canon, le grenadier de la garde.

BOUVARD. Il paraît que j'ai maigri ou que le cuir s'est allongé... je ne reconnais plus mes buffleteries. Bah! ça se fera en marchant. (Il fait un pas.)

ARTÉMISE (courant à lui). Monsieur!

BOUVARD. Hein?

ARTÉMISE. Rien... rien... c'est seulement pour vous prier de ne pas rester trop longtemps.

MADAME BOUVARD. Que signifie?

ARTÉMISE. Monsieur pourrait s'enrhumer, madame.

BOUVARD. Ah! merci. (A part.) Excellente fille! (Il sort par le fond.)

ARTÉMISE (à part). Dieu du ciel! si Grand-Canon veut partir et ne retrouve pas ses hardes... Heureusement, j'ai la clef de la cave! (Elle sort par la droite.)

SCÈNE IV.

MADAME GERMINET, MADAME BOUVARD.

MADAME GERMINET (entrant par la gauche.)

MADAME BOUVARD. Ah!... Et mes gens qui ne m'avertissent pas!.. Je ne suis pas dans une tenue à me laisser voir!...

MADAME GERMINET. Charmante, au contraire! on croirait que vous allez en soirée... dès le matin!

MADAME BOUVARD. Du tout! c'est mon petit négligé... Mais quel bon vent vous amène, chère amie?

MADAME GERMINET. Je viens sans façon vous demander à dîner... histoire de passer quelques instants avec vous... Vous me permettrez seulement de faire une petite visite à madame Michelin... qui est, je crois, votre voisine...

MADAME BOUVARD. Oh! voisine... de loin... Elle a au bout du village une espèce de petite maison grande comme la main. N'a-t-elle pas eu l'audace de nous faire proposer de lui vendre notre château!...

MADAME GERMINET. La jalousie, ma chère! C'est le moins que vous gardiez votre château, puisqu'elle a su vous enlever un honneur qui vous revenait de droit.

MADAME BOUVARD. Quel honneur?

MADAME GERMINET. Dam!... C'est toujours la châtelaine du village qui couronne la rosière, et cette année, madame Michelin a si bien fait qu'aujourd'hui même, et à votre détriment, elle va être désignée par le conseil Municipal...

MADAME BOUVARD. Il serait vrai!...

MADAME GERMINET. Elle a fait des aumônes, elle a donné à Pierre, elle a donné à Paul... en un mot, elle a fait de la générosité!

MADAME BOUVARD. Mes moyens me permettent d'en faire aussi, si je le veux.

MADAME GERMINET.

AIR :

Que lui coûtent quelques bienfaits?
Elle a vraiment de la richesse,
Et c'est cent pour cent d'intérêts,
Que lui rapporte sa largesse.
Croyez-moi, sa grande bonté,
C'est la haine qui l'aiguillonne;
Ce n'est que par méchanceté,
J'en suis sûre qu'elle est si bonne.

MADAME BOUVARD. Eh bien! voulez-vous que je vous dise, chère amie, j'ai trop de caractère pour faire de telles bassesses!

MADAME GERMINET. Vous êtes connue pour votre beau caractère... certainement, si vous n'avez que cela, vous l'avez... allons, chère petite, maintenant que je vous ai vue... et prévenue... à ce soir!

MADAME BOUVARD. A ce soir, chère amie!

MADAME GERMINET (à part). Elle est furieuse!

MADAME BOUVARD (à part). Quelle horrible femme!

ENSEMBLE (se serrant la main). Adieu, chère!... A revoir, mon ange! (Madame Germinet sort).

SCÈNE V.

MADAME BOUVARD, ROMÉO.

Ah! je me trouverais mal avec plaisir, s'il y avait là quelqu'un pour me recevoir.

ROMÉO (paraissant et ouvrant les bras). Allez-y!...

MADAME BOUVARD. Vous! vous, ici!... je croyais vous avoir défendu de reparaître devant moi.

ROMÉO. Pardon, voulez-vous me permettre un simple mot?

MADAME BOUVARD. Je permets... mais un seul.

ROMÉO. Avez-vous quelquefois aspiré à l'honneur de couronner la rosière?

MADAME BOUVARD. Mais il me semble que madame Michelin...

ROMÉO. Madame Michelin! ce n'est pas elle qui aura cet honneur!...

MADAME BOUVARD (avec joie). Comment savez-vous?... qui a pu vous dire?...

ROMÉO. Je le tiens de haut lieu, madame!

MADAME BOUVARD. D'un des membres du conseil?

ROMÉO. De plus haut lieu, madame?

MADAME BOUVARD. De monsieur l'adjoint?

ROMÉO. Montez!

MADAME BOUVARD. Ciel! de monsieur le...

ROMÉO (l'interrompant). Permettez-moi de ne pas désigner le puissant fonctionnaire qui m'a renseigné sur le peu de chances que madame Michelin a, et sur la certitude que vous pourriez avoir de l'emporter.

MADAME BOUVARD (avec joie). Moi!...

ROMÉO. Vous... si toutefois vous voulez...

MADAME BOUVARD. Tout, monsieur Roméo, tout!

ROMÉO. Vous comprenez que ces messieurs du conseil ne peuvent pas venir vous trouver pour vous offrir d'être nommée...

MADAME BOUVARD. Je comprends... je comprends!

ROMÉO. Il faut au moins que vous alliez vous-même vous poser en candidate.

MADAME BOUVARD. Je me poserai... je ne demande qu'à me poser! et pour cela que faut-il faire?

ROMÉO. D'abord, vous rendre au conseil.

MADAME BOUVARD. Au conseil?

ROMÉO. Au conseil.

MADAME BOUVARD (appelant). Juliette! Juliette!

JULIETTE (entrant par le pavillon). Voilà, mère!

MADAME BOUVARD. Mon chapeau et mon châle! va, dépêche-toi, cours!

JULIETTE. Bien, mère. (A part, en s'en allant.) Quel bonheur! on dirait qu'ils sont raccommodés!

MADAME BOUVARD. Et ensuite, monsieur?

ROMÉO. Me permettrez-vous encore un simple mot?

MADAME BOUVARD. Plusieurs, monsieur, plusieurs.

ROMÉO. N'avez-vous jamais remarqué que vous maniez assez agréablement la parole? ne vous êtes-vous jamais dit : ah! mon Dieu! comme je parle! comme je jacasse! comme je jabotte!...

MADAME BOUVARD. Pardon, je me le dis quelquefois.

ROMÉO. Parfait! alors improvisez d'avance quelques paroles bien senties que vous débiterez au conseil.

MADAME BOUVARD)effrayée). Un discours!

ROMÉO. On aura égard à la timidité inséparable d'un premier début.

MADAME BOUVARD. Mais encore, que dire?

ROMÉO. N'importe quoi!... pourvu que ce soit très-joli... (Déclamant.) MM. du Conseil...

MADAME BOUVARD (répétant). MM. du Conseil municipal...

ROMÉO. La vertu étant une chose qu'on ne saurait trop encourager chez les jeunes filles...

MADAME BOUVARD. Oh! ça, c'est vrai.

ROMÉO. Je propose qu'au lieu d'un seul prix, il y ait deux prix et huit accessits.

MADAME BOUVARD. Certainement! certainement! cela encourage!.

ROMÉO. Le cœur fait le reste!... au surplus... j'ai des amis dans le conseil, j'intriguerai... je cabalerai... et nous crierons bis aux beaux endroits.

SCÈNE VI.

LES MÊMES JULIETTE.

JULIETTE (rentrant). Mère, voilà ton châle et ton chapeau!

MADAME BOUVARD (s'ajustant). Juliette, monsieur est un ami.

JULIETTE. Bien, mère.

MADAME BOUVARD. Tu m'obligeras en le recevant avec tous les égards qui lui sont dus.

JULIETTE. Sois tranquille, mère... (A part.) quel bonheur!

ENSEMBLE.

AIR : *De la cordonnière de Ribérac.*

ROMÉO.

Vous avez le droit d'être fière,
Du devoir que vous allez remplir.
Pour couronner une rosière,
On ne pouvait pas mieux choisir.

MADAME BOUVARD.

Certes, j'ai le droit d'être fière,
Du devoir que je vais remplir,
Je vais couronner la rosière,
On aurait pu plus mal choisir.

JULIETTE.

De quoi peut-elle donc être fière!
Quelle devoir va-t-elle remplir?
Maman me parle de rosière,
C'est un point que je veux éclaircir.

(Roméo sort par le fond et Juliette par la droite. Madame Bouvard va pour sortir à gauche et se retrouve avec Bouvard.)

SCÈNE VII.

BOUVARD, une buffleterie à la main, MADAME BOUVARD.

MADAME BOUVARD. Te voilà déjà, monsieur bouva.d?

BOUVARD (de très-mauvaise humeur). Oui.

MADAME BOUVARD. Quelle figure! qu'as-tu donc?

BOUVARD. Madame Bouvard, je veux bien que ma cuisinière cordon-bleu ait un cousin dans les pompiers, mais j'aimerais assez qu'elle ne substituât pas à mes buffleteries un ceinturon de grenadier de la garde.

MADAME BOUVARD (embarrassée). Puisque c'est au pompier...

BOUVARD (déposant ses buffleteries sur le banc à droite). Il aura changé de corps ou elle aura changé de cousin... Mais où vas-tu donc avec cette toilette?... sapristi! (1)

MADAME BOUVARD. Elle n'a rien d'extraordinaire.

BOUVARD (tournant autour de sa femme). Un chapeau que je ne te connaissais pas... Mazette!... Dis donc, madame Bouvard, tu dois savoir ce que ça te coûte tout cela?

MADAME BOUVARD. Erreur, M. Bouvard, c'est justement quand les objets de première nécessité sont chers que les objets de luxe coûtent bon marché, sans cela personne n'en achèterait!

BOUVARD (stupéfait). Oh! je ne comprends pas!

AIR : *Partage de la richesse.*

Tu me dis, il faut que je le croie
Mais du progrès notre perte est l'enjeu,
S'il faut, hélas! qu'une robe de soie
Coûte moins cher qu'un simple pot-au-feu.
Du mouvement qui par malheur s'apprête,
Vois-tu d'ici quel résultat pour nous :
Des restaurants à 60 francs par tête
Et des modistes à trente-deux sous.

MADAME BOUVARD. Tout est dans la manière d'acheter... Ainsi, voilà une robe...

BOUVARD. Elle est magnifique! Qu'est-ce que c'est que cette étoffe?

MADAME BOUVARD. Du reps pompadour... Il est vrai de dire que j'ai eu l'étoffe pour presque rien... trente-deux sous le mètre, mais c'est M. Barbillon qui me l'a vendue.

BOUVARD. Oui, je sais que M. Barbillon est un homme d'occasion...

MADAME BOUVARD. Eh bien! avec les effilés, la garniture et les dentelles, elle revient à 35 francs 50 ou 75. Du reste, c'est facile à voir, j'ai la note.

BOUVARD (de bonne foi). Ce n'est pas cher, franchement, je croyais que c'était plus cher que ça.

MADAME BOUVARD. C'est comme mon châle, je l'ai fait faire par une ouvrière qui a huit enfants et un mari qui la rend malheureuse... aussi, il me coûte 25 francs. Mon chapeau, je l'ai eu pour 12 francs 50. Qu'est-ce que tu regardes donc là?

BOUVARD (qui depuis quelque temps a les yeux fixés sur la broche de sa femme). C'est cette petite chose là!

MADAME BOUVARD (la détachant). Ma broche, elle est jolie, hein? ça coûterait fort cher si c'était de véritables pierres.

BOUVARD (qui l'a prise et l'examine). C'est donc du faux?

MADAME BOUVARD. Je crois bien, une broche de 18 francs ne peut être qu'en faux.

BOUVARD (stupéfait). Dix-huit francs! Quand je pense que j'ai mis 250 francs à ma montre! une montre si petite! (Il la tire de son gousset.) Il est vrai que c'est un objet de première nécessité, comme le beurre et le charbon!

MADAME BOUVARD (regardant la montre). Eh! mon Dieu! une heure! et le conseil qui se réunit à midi! Pardon, monsieur Bouvard, je reviens. (Elle sort en courant par la gauche.)

SCÈNE VIII.

BOUVARD (seul). Quest-ce qui lui prend? Elle se

---

(1) Mad. Bouvard. Bouvard.

sauve en me laissant sa broche! Quelle femme! quelle économie! Tout est dans la manière d'acheter, dit-elle... et elle a raison! Voilà ce que j'appelle un trésor pour un homme! Saperlotte! je crois que j'ai faim!... Ah! madame Camusot!

SCÈNE IX.

BOUVARD, MADAME CAMUSOT.

BOUVARD. Par exemple, vous allez me faire le plaisir de déjeûner avec moi... permettez que je sonne mon déjeûner! (Il sonne à tour de bras une énorme cloche pendue sur la terrasse).

MADAME CAMUSOT. Est-ce que vous avez du monde?

BOUVARD. Mon Dieu, non! mais Polymnie aime ça. Dans le pays, quand on entend la cloche, on dit: Voilà la cloche du château! (A Zéphir qui entre.) Vous apporterez le déjeûner ici sur cette terrasse! (Zéphir sort.) Saperlotte! je crois que je vais donner un joli coup de fourchette. (Zéphir et Artémise apportent une énorme table garnie de deux couverts et de deux vases de fleurs de chaque côté.)

ARTÉMISE. Quand monsieur voudra que l'on serve, il fera donne l'ordre par son groom. (Elle sort, Zéphir reste une serviette sur le bras.)

MADAME CAMUSOT (à part). C'est tout à fait princier!

BOUVARD. Tout de suite, sapristi! j'ai une faim canine... Voyons, madame Camusot, faites donc pour moi.

MADAME CAMUSOT. C'est bien pour vous faire plaisir, M. Bouvard. (Ils se mettent à table tous deux. Madame Camusot attache sa serviette sur sa poitrine avec deux épingles.)

ZÉPHIR (au fond et mettant ses mains devant sa bouche en guise de cornet). Chef, servez!

ARTÉMISE (au dehors). Boum!

BOUVARD. C'est étonnant comme le grand air creuse l'estomac! (Artémise paraît, présente un plat à Zéphir et sort; Zéphir apporte le plat sur lequel figurent deux œufs à la coque et le place devant Bouvard, derrière lequel il se met.)

MADAME CAMUSOT (mangeant). Vous n'aimez pas les œufs, monsieur Bouvard?

BOUVARD (avalant son œuf). Pourquoi? parce que j'avale mon œuf d'un seul coup! mais c'est une fraise dans la gueule d'un loup! J'en mangerais douze! Vous allez me voir à l'autre plat!

MADAME CAMUSOT. C'est que vous faites des déjeûners à un tas de services, vous autres!

BOUVARD. Polymnie veut que nous ayons une table... nous avons une table!... Sans indiscrétion, madame Camusot, combien donc vous coûte ce petit chapeau que vous avez là?

MADAME CAMUSOT. Ce chapeau-là! ah! ne m'en parlez pas! c'est une folie... mais j'en étais toquée... Il m'est revenu à 27 francs, parce que j'avais fourni la carcasse... Pardon, monsieur Bouvard, je boirais bien un peu de n'importe quoi... et je ne vois pas de bouteille. (Zéphir sert à boire à madame Camusot.)

BOUVARD. C'est notre groom qui verse... Polymnie aime mieux ça... Elle trouve que c'est plus comme il faut... Comment avez-vous dit?.. 27 francs!.. Quand je vous disais que vous êtes une dépensière!... Polymnie en a un... c'est vrai qu'il n'est pas si joli... mais il ne lui coûte que 12 francs 50! (A Zéphir qui enlève les assiettes.) Au second service! hein?

MADAME CAMUSOT (se récriant). 12 francs, son pompadour! s'il ne lui revient qu'à 60 francs, il n'est pas cher.

ZÉPHIR (au fond et criant). Chef, servez!

ARTÉMISE (au dehors). Boum! (Artémise paraît, donne un plat à Zéphir que celui-ci vient placer devant Bouvard et madame Camusot. Il contient deux petites pommes.)

BOUVARD. C'est comme cette robe.

MADAME CAMUSOT (pelant sa pomme). Oh! v'là une robe de soie! C'est un prix fait. Vous ne mangez donc pas, monsieur Bouvard?

BOUVARD (s'apercevant qu'il n'y a plus qu'une petite pomme). Est-ce que nous sommes au dessert déjà? Attendez donc, madame Camusot, vous mangerez autre chose! (Appelant Zéphir.) Zéphyr!... Allons bon! il n'est plus là!... Attendez donc, madame Camusot! que diable! il y a autre chose. Le second service!

MADAME CAMUSOT. Merci, monsieur Bouvard, avec une moitié de pomme, j'en aurai ma suffisance.

BOUVARD. Vous ne m'avez toujours pas dit ce que vous coûte votre robe?

MADAME CAMUSOT. C'est du foulard... ce n'est pas cher, 7 francs le mètre au Paradis des Dames!

BOUVARD (riant). Sept francs!... ah! ah! mais ma chère madame Camusot, ma femme ne paie les siennes que trente-deux sous!... à la vérité, ce n'est pas du foulard, comme vous dites, ce n'est que du reps pompadour. (A Zéphir qui est rentré.) Faites donc servir le second service, sacredié! je meurs de faim!

ZÉPHIR (criant). Chef, servez!

ARTÉMISE (au dehors). Boum!

BOUVARD. Vous ne savez pas acheter, ma chère madame Camusot!... Regardez-moi cela!... (Il lui donne la broche de madame Bouvard, Artémise entre portant un plateau sur lequel sont deux rince-bouche.)

ZÉPHIR (plaçant un rince-bouche devant Bouvard). Voilà!

BOUVARD (stupéfait). Un rince-bouche!

MADAME CAMUSOT (examinant la broche). Oh! que c'est joli!

BOUVARD. Oui, si c'était de véritables pierres! (à part). Un œuf et un rince-bouche! (criant furieux). Zéphir! des cure-dents!

MADAME CAMUSOT. Ce sont bien réellement de véritables rubis... et des beaux!

BOUVARD. Vous vous y connaissez!... Une broche de 18 francs!

MADAME CAMUSOT. Elle en vaut plus de 2,000! On n'a pas été vingt ans dans la bijouterie sans se connaître en bijoux!

BOUVARD. 2,000 francs! (Il se lève.)

ARTÉMISE (remettant un paquet de lettres à Zéphyr.) Pour monsieur.

(Zéphyr prend l'assiette sur laquelle madame Camusot vient de déjeûner, l'essuie avec sa manche, place les lettres dessus et les présente à Bouvard.)

BOUVARD. Qu'est-ce que c'est que ça? (1) (Il ouvre une lettre et jette un cri.) Grand Dieu! (Même jeu avec une autre lettre.)

MADAME CAMUSOT. Qu'avez-vous, monsieur Bouvard? qu'est ce qui vous confusionne?

BOUVARD. Les notes de tous les fournisseurs! des notes de trois mois! Et cette broche qu'elle dit coûter 18 francs! Oh! je saurai tout!... je veux le savoir!.. (Il va pour sortir.)

MADAME CAMUSOT (se jetant au-devant de lui). Où courez-vous?

BOUVARD. Laissez-moi! laissez-moi! (Il s'élance dehors.)

____

(1) Bouvard, Zéphyr, mad. Camusot.

SCÈNE X.

MADAME CAMUSOT, puis MADAME BOUVARD.

MADAME CAMUSOT. Nom d'un petit bonhomme de bois ! Je devine tout ! J'ai allumé le tendron de discorde dans le foyer conjugal !

MADAME BOUVARD (entrant radieuse). Oh ! ma chère amie ! quel succès ! quels applaudissements ! un tonnerre d'applaudissements ! jusqu'à M. le maire qui a daigné me complimenter ! je suis sûre de mon affaire... Il faut que je voie M. Bouvard !... que je lui fasse partager ma joie !...

MADAME CAMUSOT. M. Bouvard !... Pauvre cher homme !

MADAME BOUVARD. Comment ! Qu'est-il arrivé ?...

MADAME CAMUSOT. Il n'est pas arrivé, puisqu'il est parti !

MADAME BOUVARD. Parti !

MADAME CAMUSOT. Il sait tout, vos robes, vos chapeaux, vos attifets... il m'a demandé le prix de tout !... mais il a reçu un tas de lettres, c'est-à-dire de notes... Je l'ai entendu dire... le boucher, le boulanger... des fournisseurs non payés... Alors il a jeté un cri, deux cris, et il s'est envolé comme une fusée volante.

MADAME BOUVARD. (anéantie.) Je suis perdue !

MADAME CAMUSOT. Eh ! c'est votre faute, aussi ! quand on trompe son mari, on prévient son monde !.. Est-ce que je le savais, moi ?.. Si vous m'aviez dit : Ma chère Camusot, j'ai fait accroire à mon homme, qui est si bon qu'il en est bête, que des vessies s'appellent des lanternes... que la moire antique coûte 30 sous le mètre, la dentelle d'Angleterre 44 sous la pièce, et cœtera, et cœtera !

MADAME BOUVARD. Que faire ? mon Dieu ! que faire ?

MADAME CAMUSOT (changeant de ton). C'est pardi vrai ! moi qui m'amuse à vous dire des sottises... fichue bête !... le plus pressé, c'est de vous tirer de là... Voyons les fournisseurs... il ne s'agit que de les payer...

MADAME BOUVARD. Les payer !

MADAME CAMUSOT. Compris !... mais ne vous inquiétez pas...

MADAME BOUVARD. Ah ! ma chère amie ! quelle reconnaissance !

Des bêtises !.. De cette façon... M. Bouvard ne pourra vous accuser que de négligence... et non de l'avoir trompé !

MADAME CAMUSOT. Oh ! merci ! merci !

ENSEMBLE.

Air de M. Ch. Lehr.

MADAME BOUVARD.

Allons ! espoir et confiance,
Ici, je serai votre appui.
Méritez, par votre prudence,
Le pardon de votre mari !

MADAME CAMUSOT.

Eh ! oui ! j'ai pleine confiance,
Soyez maintenant mon appui,
J'aurai après, par ma prudence,
Tout le pardon de mon mari !
(Madame Camusot sort.)

SCÈNE XI.

MADAME BOUVARD, JULIETTE, puis BARBILLON.

MADAME BOUVARD. Quelle excellente femme ! Ah !

mon Dieu ! j'y pense !.. et cette broche que j'ai laissée entre les mains de Bouvard,.. et que je n'ai pas encore payée... Il faut que je voie M. Barbillon, et que je le prie d'attendre... Si mon mari apprenait encore..

JULIETTE (entrant par la droite, à part). Comme M. Roméo sait bien faire les bouquets !

MADAME BOUVARD. Ah ! Juliette ! chère enfant !

JULIETTE. Qu'as-tu donc, mère ?

MADAME BOUVARD. Rien, mon enfant, rien, dis-moi, je cours à Paris, si ton père rentrait, tu lui diras que je reviendrai par le train de cinq heures !

BARBILLON (entrant). Madame, votre serviteur bien respectueux.

MADAME BOUVARD. Monsieur Barbillon !... J'allais chez vous !

JULIETTE (à part). (1) Comme maman a l'air émue !

BARBILLON. J'eusse été désolé que vous vous dérangeassiez, je passais devant votre propriété pour me rendre chez ma cousine, madame Michelin, et puisque vous le désiriez...

MADAME BOUVARD. Quoi donc !

BARBILLON (lui remettant un papier). Votre bordereau... c'est si peu de chose... le prix seulement de cette broche en rubis... une occasion superbe...

MADAME BOUVARD (l'ouvrant). 3,800 francs !

JULIETTE. Oh ! mon Dieu !

MADAME BOUVARD. Et... vous désireriez cette somme... de suite ?

BARBILLON. Oh ! non !

MADAME BOUVARD (avec joie). Ah ! bien !

BARBILLON. Demain...

MADAME BOUVARD (atterrée). Demain ?...

BARBILLON. Je n'ai pas l'habitude de presser personne !

MADAME BOUVARD. Pardon, monsieur, mais je serais heureuse... c'est un service que je vous demande... je serais bien heureuse que M. Bouvard ignorât...

BARBILLON. Madame ! comme j'ai déjà eu l'honneur de vous le dire, il y a en moi deux individus : l'homme, Clovis Barbillon, et le commissaire-priseur. Comme commissaire-priseur, je ne connais que les affaires.

MADAME BOUVARD. Mais enfin, monsieur, si je m'adressais à votre complaisance.

BARBILLON. A ma complaisance ?.. Le commissaire-priseur n'a rien à voir là-dedans... C'est l'homme que je trouve en jeu... je répondrai que si vous n'aviez pas repoussé la demande que je vous ai faite de la main de mademoiselle...

JULIETTE. (à part). Ciel !

BARBILLON. Je serais tout à votre disposition, car un futur gendre a droit d'offrir à sa future belle-mère certains cadeaux qu'elle peut accepter... une broche, par exemple !

MADAME BOUVARD. Je comprends... vous voulez me vendre le service que je vous demande, me faire acheter ma tranquillité près de mon mari par le sacrifice du bonheur de ma fille, jamais, monsieur.

JULIETTE. (à part). Pauvre Roméo ! (Elle essuie précipitamment ses larmes). Pourquoi donc, mère ? dis-tu comme ça, jamais ? Quand tu as refusé, monsieur, je ne le connaissais pas... et puis, j'étais une folle, un enfant, mais maintenant. D'ailleurs tu te rappelles, quand j'étais tout petite, je disais toujours que je n'épouserais qu'un notaire ou un commissaire-priseur... et puisque c'est ma destinée.

BARBILLON (avec feu). Ah ! Mademoiselle !

BOUVARD, (qui est entré sur les derniers mots de Juliette). Laisse-nous, ma fille.

____

(1) Juliette, mad. Bouvard, Barbillon.

MADAME BOUVARD (avec effroi). Mon mari !

BOUVARD. Pardon, monsieur.

(Barbillon et Juliette sortent par la droite).

SCÈNE XII.

BOUVARD, MADAME BOUVARD.

MADAME BOUVARD. Mon ami, pardonne...

BOUVARD. Quoi donc ? qu'ai-je à pardonner ? Ne suis-je pas le plus heureux des hommes ? N'ai-je pas tous les plaisirs réunis ? Une bonne table, des distractions à perte de vue; d'abord, ce matin, j'ai parfaitement déjeuné, cela n'a rien d'étonnant quand on a un cordon bleu pour cuisinière. Elle m'a servi un œuf à la coque et une pomme verte, admirablement assaisonnés, le tout escorté d'un rince-bouche et d'un plat de cure-dents.

MADAME BOUVARD. Je parlerai à Artémise... je..

BOUVARD. Pourquoi ? cette fille fait ce qu'elle peut, ce qu'on lui ordonne; j'ai appris du reste le secret de notre cuisine maigre.

MADAME BOUVARD, (avec effroi). Tu as appris ?

BOUVARD. Oui, je voulais te faire une agréable surprise. Je te dois bien cela, n'est-ce par madame Bouvard? Tu avais laissé dans mes mains une broche d'argent doré, de pierres fausses, et comme je n'entends pas qu'une femme comme toi, porte des bijoux faux, je suis allé la vendre.

MADAME BOUVARD, (avec un cri). La vendre ! Pour du faux !

BOUVARD. Sans doute, mais rassure-toi, j'ai eu la chanche de tomber sur un honnête homme car il n'y a que toi pour avoir des occasions. Elle te coûtait 18 fr., m'as-tu dit ? J'en ai trouvé 10 fr.

MADAME BOUVARD. 10 fr., malheureux ! Elle m'en avait coûté 3,000 !

BOUVARD, (après un silence). Je le savais, mais tu l'avoues, j'aime mieux cela !.. voilà donc le secret de notre misère intime, cachée, honteuse ! 3000 fr. à une broche !.. Voilà pourquoi on me faisait faire des déjeuners légers, pourquoi on ne payait ni le boulanger, ni le boucher, ni rien !

MADAME BOUVARD. Eh ! bien, oui, mon ami, mais enfin.

BOUVARD, (la repoussant). Laisse-moi, car vous n'avez pas d'excuse ! car c'est la plus sotte des passions qui vous a perdue ! L'orgueuil ! Le luxe ! Détestable manie ! Ruine des familles ! Avoir une maison de campagne, un château, et pas de meubles pour les meubler ! Une cuisinière cordon bleu qu'on paie 1000 fr. et qui ne peut vous cuisiner que des œufs à la coque ! Des robes luxueuses dans lesquelles on trouverait le pain de dix familles et pas de linge dessous ! Et tout cela pour arriver à quoi ? A sacrifier peut-être le bonheur de son enfant !.. C'est affreux !

MADAME BOUVARD. Juliette n'est pour rien !..

BOUVARD. Juliette tout-à-l'heure sacrifiait ses plus chères espérances de jeune fille pour vous sauver.

AIR : *Arwed*.

La pauvre enfant, j'ai honte de le dire !
Sur ses deniers péniblement acquis
A dû souvent payer ton cachemire
Quand elle avait des vêtements flétris.
Plus d'une fois les dettes de sa mère
Ont épuisé l'argent de son trésor

N'en ayant plus pour payer la dernière
Sur son bonheur elle en trouvait encore !

MADAME BOUVARD. Oh ! si c'est vrai, je suis plus coupable que je ne le croyais !

BOUVARD, (après un temps). Madame Bouvard...

MADAME BOUVARD, (sans lever les yeux). Mon... mon ami ?

BOUVARD, (tendant la main). Eh ! viens donc !

MADAME BOUVARD. Ah !

BOUVARD. Mais à une condition !..

MADAME BOUVARD. Je les accepte toutes.

BOUVARD. Plus de luxe, plus de grand monde à voir, mais un bon petit intérieur confortable comme nous l'avions autrefois... je désire un peu moins de château et un peu plus de beefsteacks ! Surtout pas de cordon bleu ! je ne veux plus me tromper de buffleteries.

MADAME BOUVARD. Nous reprendrons Toinon.

SCENE XIII.

LES MÊMES, ROMEO, JULIETTE, MADAME GERMINET, BARBILLON. puis MADAME CAMUSEOT.

MADAME GERMINET, (entrant). Ah ! ma pauvre madame Bouvard, malgré votre admirable discours qui a tant fait rire M. le Maire. C'est madame Michelin qui l'a emporté...

ROMÉO (à part). J'y comptais bien ! Mais je vais encore être balancé !

MADAME BOUVARD. C'est à monsieur que je dois cet échec.

ROMÉO. Voulez-vous me permettre un simple mot?

MADAME BOUVARD. Non ! C'est peut-être le plus grand service que vous pouviez me rendre, il m'a ouvert les yeux, et pour vous prouver ma reconnaissance (elle le fait passer près de Juliette).

JULIETTE. Ciel !

BARBILLON. Comment !

BOUVARD. (à Barbillon). Vous comprenez

BARBILLON. Très-bien !

BOUVARD. Et nous vendrons cette maison et tout ce qu'elle contient.

BARBILLON, (qui allait sortir, revenant). Le mobilier ! Pardon ! L'homme est distancé, mais le commissaire-priseur reste ! Clovis Barbillon, rue des Jeuneurs 32, tous les jours, de 9 à 10.

BOUVARD. Vous me présenterez votre note.

MADAME CAMUSOT, (entrant, bas à madame Bouvard). J'ai vu tout le monde, trop tard ! tout avait été payé !

MADAME BOUVARD. Par mon mari, mais n'importe ! je sais à présent où sont mes vrais amis.

CHŒUR FINAL.

AIR *du Dominos noir*.

BOUVARD, MADAME BOUVARD.

Reprenons notre bonne table
A nos enfant montrons tous deux
Que toujours un bon confortable
Est encor ce qui vaut le mieux

ROMÉO JULIETTE.

Reprenez votre bonne table,
A nos enfants montrez tous deux
Que toujours un bon confortable
Est encor ce qui vaut le mieux.

FIN.

Paris. — Imp. PILLOY, boulevard Pigalle,

[illegible] — [illegible]

[illegible]		[illegible]	
[illegible]	[illegible]	[illegible]	[illegible]
[illegible]	[illegible]	[illegible]	[illegible]
[illegible]	[illegible]	[illegible]	[illegible]

[illegible]

CATALOGUE DE L'ALBUM DRAMATIQUE

Publié par MIFLIEZ, Libraire-Éditeur, Passage Vendôme, 19.

Minuit! ou un Arrêt du Destin, vaud. en 1 a. — 50 c.

Le Chemin des Amoureux, vaud. en 2 a. — 1 fr.

Paquette et Grivet, vaud. en 1 acte — 50 c.

Un Mari dans l'embarras, v. en 1 acte. — 1 fr.

Les Violettes de Lucette, v. en 2 actes — 50 c.

Une Allumette entre deux feux, vaud. en 1 a. — 50 c.

Les Hirondelles, v. en 1 a. — 30 c.

Un Voisin de Campagne, v. en 2 actes — 40 c.

L'argent par les Fenêtres, v. en 3 a. — 50 c.

Le Porte-Drapeau d'Austerlitz, drame en un acte — 30 c.

Le Droit de Visite, v. en 1 a. — 50 c.

Un Doigt de Vin, v. en 1 a. — 30 c.

Les Tirailleurs français, v. en 1 acte. — 30 c.

Viens, gentille Dame! com.-vaud. en 1 acte — 30 c.

Une Nuit sur la scène, compte mal rendu, en deux scènes. — 75 c.

Pendant l'Orage, d.-vaud. en 1 acte — 50 c.

Sur la Gouttière, com.-v en 1 acte — 50 c.

Après la Bataille, dr.-v. en 1 a. — 30 c.

Le Raphaël de la Courtille, tabl. 1 a. — 30 c.

Madame Flambart, v. en 1 a. — 30 c.

Chérubin, com. en 5 a. et 6 tab., avec prologue — 1 fr.

Un Papa charmant, c.-v. en 2 actes — 50 c.

La Perle du Régiment, v. 1 a. — 30 c.

Chien et Chat, c.-v. en 1 a. — 50 c.

Un Mari tombé des nues, v. en 1 a. — 30 c.

Les Balançoires de l'année, revue de 1852, 5 a. dont 2 entr'actes — 50 c.

Un Bal à Emotions, v. en 1 a. — 50 c.

Un Relais dans la Manche, v. en 1 a. — 30 c.

Le Potager de Colifichet, v. 1 a. — 30 c.

La Petite Provence, v. 1 a — 30 c.

Le Carton vivant, v. 2 a. — 40 c.

Les Mémoires de ma Tante, c.-v. en 1 a. — 50 c.

La Fille du Hussard, c.-v. 3 a. — 30 c.

Les Orphelines du Faubourg, v. 3 a. — 50 c.

Une Femme qui s'ennuie, v. en 3 a. — 50 c.

Marguerite et Bouton d'Or, v. en 1 a. — 50 c.

La Vieillesse d'une Grisette, v. en 1 acte. — 50 c.

Un Gendre en Mi-Bémol, v. en 1 a. — 30

La Question d'Occident, à-propos, en 1 acte — 30 c.

Le Pêcheur Béarnais, v. 1 a. — 30 c.

Deux Tuiles, v. en 1 a. — 30 c.

Pendu ou Marié, v. en 1 a. — 50 c.

Le Violon du Père Dimanche, pièce en 3 a. mêlée de couplets — 50 c.

A Coups de Bâton, c. en 1 a. mêlée de chants. — 50 c.

Le Forgeron de Greetna-Green, v. en 2 a. — 40 c.

La Mère Gigogne, revue-v. en 2 a. et 3 tab. — 2 fr.

Nous Marions Papa, c.-v. 1 a. — 40 c.

La Foire aux Plaisirs, revue de 1854, en 3 a. 5 tab — 50 c.

Le bel Antinoüs, v. 1 acte — 30 c.

Le Festin de Balthasar, pièce de carnaval, 3 a. mêl. de c. — 50 c.

Nous en ferons un Avocat, v. 1 a. — 30 c.

Le jeu du cœur, v. en 3 a. — 50 c.

Deux drôles de corps, v. 1 a. — 50 c.

Le Vampire de la rue Charlot, v. 1 a. — 50 c.

L'amoureux d'en face, v. 1 a. — 30 c.

Congé avant midi, folie 1 a. — 50 c.

Un M. qui voit tout en jaune, c.-v. 3 a. — 50 c.

L'enfant du petit monde, v. 3 a. — 50 c.

Une Coutume russe, v. 1 a. — 30 c.

Les Domestiques de Paris, v. 2 a. — 50 c.

Où sont les Pincettes, v. 1 a. — 30 c.

Dzing! Boum! Boum, 1 rev., 3 a., 16 tab — 50 c.

Le Monde, v. 2 a. — 40 c.

Le sire de Framboisy, v.-lég. — 50 c.

Aide-toi le Ciel t'aidera v. 1 a. — 50 c.

Un Suicide à l'Encre rouge, v. 1 a. — 50 c.

Une Action d'Éclat, v. 1 a. — 30 c.

Histoire d'un Châle, v. 2 a. — 50 c.

L'Habit d'un grand Seigneur, v. 2 a. — 50 c.

La vivandière des Zouaves, 1 a. — 30 c.

Un Monsieur bien mis, v. 1 a. — 30 c.

S'aimer sans y voir, f.-v. 1 a. — 30 c.

Le Voyage d'Anacharsis, v. 3 a. 5 tab. — 50 c.

Le Jardinier du château, v. 1 a. — 30 c.

Le Moulin du Diable, pant. 2 a. — 50 c.

Une femme qui n'y est pas, v. 1 a. — 30 c.

Chez Vous, chez Nous, chez Moi, v. 3 a. — 50 c.

Un Mariage à propos de bottes, v. 1 a. — 30 c.

Lisette, v. 1 acte — 50 c.

Manon de Nivelle, v. 3 a. — 50 c.

Masque et Visage, v. 1 a. — 50 c.

Fais la cour à ma femme c.-v. 1 acte. — 30 c.

Amour et Amour-Propre, v. 1 a. — 50 c.

Monsieur est de la Noce? c.-v. 3 a. — 50 c.

Un Groom de lettres, c.-v. 1 a. — 30 c.

La Lorgnette, c.-v. 1 a. — 30 c.

L'anneau mystérieux, c.-v. 1 a. — 30 c.

La Cassette à Jeanneton, v. 2 a. — 50 c.

Petit bonhomme vit encore, féerie 15 tab — 50 c.

Les Petits Péchés de la Grand'Maman, v. 1 a. — 50 c.

Le Porc-Epic de Charles-Quint, v. 1 a. — 50 c.

Ne Touchez pas à l'Echelle, v. 1 a. — 30 c.

Page et Pensionnaire, v. 1 a. — 30 c.

L'Agent matrimonial — 40 c.

Un Chapitre de Balzac, c.-v. 2 a. — 40 c.

Pages et Poissardes, v. 2 a. — 40 c.

Tout pour l'honneur, d. 5 a. — 60 c.

Les Jockeys improvisés, v. 1 a. — 30 c.

Le Père prodige, v. 1 a. — 50 c.

Maître Cabochard, v. 1 a. — 50 c.

4 femmes sur les bras, v. 1 a. — 50 c.

L'œuf de Pâques, v. 1 a. — 50 c.

Le Voisin de l'avare, v. 1 a. — 50 c.

Puisque des rois épousaient des bergères. — 50 c.

Le Donjon du Maure, dr. 5 a. — 60 c.

Une Botte de foin dans un violon, vaud. 1 a. — 50 c.

M. Croquemitaine, v. 1 a. — 50 c.

Le Voyage à Vienne, v. 1 a. — 50 c.

Quelle mauvaise farce! v. 1 a. — 50 c.

L'hôtel des haricots, v. 1 a. — 50 c.

Les Fureurs de l'amour, tragédie burlesque, 1 a. — 50 c.

Les Bourgeoises de Paris, v. 3 a. — 50 c.

Galuchon, opérette, 1 a. — 50 c.

Paris. — Typ. Pilloy, boulevard Pigale, 50.

www.ingramcontent.com/pod-product-compliance
Ingram Content Group UK Ltd.
Pitfield, Milton Keynes, MK11 3LW, UK
UKHW021048120726
13693UKWH00006B/2499